KB097690

윤성근

반년 안에 망할 거라는 주위 사람들의 우려를 불식하며
12년째 작은 책방을 알뜰살뜰 꾸려 온 책방지기. 서점 창업
11년째 되던 2018년에는 서울 지역 서점 활성화에 기여한
공로로 우수 서점인 표창을 받았다. 서울책방학교에서
작은 책방을 꾸리는 데 필요한 지식을 가르쳤으며, 전국
각지에서 열리는 도서전이나 책방 문화 사업에 초대받아
작은 책방에서 할 수 있는 다양한 일을 주제로 특강을 하기도
한다. 독서 모임부터 저자와의 만남, 북콘서트, 심야책방,
책 수선, 낭독 행사까지 책방에서 할 수 있는 거의 모든
이벤트를 손수 기획하고 진행하는 책방 행사의 달인이기도
하다. 그러나 여전히 책방지기는 책과 사람 사이에 가장 오래
머물러야 한다고 믿으며 오늘도 책방 문을 열고 책방에 앉아
책을 읽고 글을 쓴다.

작은 책방 꾸리는 법

작은 책방
꾸리는 법

책과 책, 책과 사람,
사람과 사람을 잇는 공간

윤성근 지음

유유

책 장사에 투신하려면 사회적으로 유용하고 아주
유쾌하지만 정신 나간 방식으로 다소 바보 같아야 한다.

—

에드워드 실즈

책과 책방을 좋아하는 모든 이들에게

이 작은 책을 용기 있게 펼쳐 들었다면 당신은 분명 책을 어지간히 좋아하는 사람일 것이다. 책을 좋아하는 모습은 여러 가지다. 책 읽기를 좋아하는 사람, 책 사는 것을 좋아하는 사람, 책을 쌓아 놓고 감상하는 걸 즐기는 사람, 책으로 쌓아 올린 높다란 벽에 도전하고자 하는 사람. 그런가 하면 책이라는 것이 어떻게 만들어지고 어떤 과정을 거쳐 독자에게 전해지는지 궁금해하는 사람도 있고, 우리 주변의 수많은 책방들이 각각 어떻게 살림을 꾸려 나가는지 알고 싶어 하는 이들도 있다. 이 책은 바로 그런 호기심을 조금이나마 해결해 주고픈 마음으로 썼다.

열 몇 해 전 내가 서울 어느 한적한 마을에 '이상한나라의헌책방'이라는 가게를 열었을 때, 놀랍게도 주변 사람들은 비슷한 반응을 보였다. 가장 먼저는 "그게 뭐하는 가게냐"는 것. 책방이라고 대답하면 곧바로 "가게 이름이 그게 뭐냐?"라고 말했다. 지금이야 책방 이름을 이렇게 짓든 저렇게 짓든 누구도 신경 쓸 것 같지 않지만 불과 십 수 년 전에는 그랬다. 게다가 이제 막 문을 연 책방에 와서 응원과 격려를 보내기보다는 "딱 보니 반년 안에 문 닫겠네" 같은 진심 어린 걱정을 해 주었다. 그럴수록 나는 더 오기가 생겨 '반드시 살아서 반년만큼은 넘기고 말겠다'는 심정으로 일에 더 뛰어들었다.

결과적으로 이 작은 책방은 반년을 넘어 십 년 넘게 버텼고 지난 2018년에는 서울시에서 우수 서점인 표창을 받는 충격적인(?) 일도 겪었다. 그러는 사이에 책방 문화는 몰라보게 달라졌다. 많은 사람들이 책과 문화가 있는 작은 책방과 독립서점을 좋아하게 되었고 여전히 무모한 사업이라 말하는 이들이 있지만 자기만의 새로운 책방을 꾸려 일해 보고 싶다는 이들이 꾸준히 늘고 있다.

나는 이 책 속에 우리 책방에 찾아와서 조언을 구했던 수많은 분과의 대화와 서울시의 제안으로 참여한 서울시책방학교에서 강의한 내용을 알차게 정리해 담았다. 또한 십여 년 동안 작은 책방을 직접 운영하며 겪었던 다양한 일들을 양념처럼 섞어 넣었다. 이 모든 경험이 책방을 만들고 꾸려 보려는 이들에게 작게나마 도움이 되면 좋겠다. 책방을 운영하고 있지는 않더라도 주변의 작은 책방들이 어떻게 일하고 살아내고 있는지 궁금한 호기심 많은 애서가에게도 내 이야기가 소소한 선물이 될 거라 믿는다.

끝으로 이 책의 지은이이자 작은 책방 주인장으로 책을 보고 있는 독자들에게 전하고 싶다.

"책과 책방을 좋아하는 여러분! 이 책을 읽고 여러분이 좋아하는 책방에 방문해 주세요. 그러면 그 책방들이 더 사랑스럽게 보일 겁니다. 만약 이 책을 읽지 않고 지금 서 있는 곳에서 발견했다면, 바로 거기서 이 책을 구입해 주세요. 그 작은 책방이 당신에게 더 특별한 공간이 될 것입니다."

III

책방에서 생긴 소중한 인연과 황당한 일과 믿기 힘들 정도로 이상한 손님들에 관하여

IV

언제까지 이 일을 할 수 있을까? 첫 번째 모험이 끝날 무렵 생겨난 새로운 고민

I

책에 빠져 살던 K 씨,
이제야말로 책방을
꾸릴 때라는 견고한 확신을 가지고
드디어 준비 시작!

그는 한가할 때면(사실 일 년 내내 한가했지만)
책 읽기에 흠뻑 빠져 지내느라 사냥도 재산 관리도
소홀히 했다. 책에 대한 호기심이 지나치다 못해
광기에 이르러서 책을 사들이기 위해 넓은 경작지를
팔아 치웠을 정도다. 덕분에 집안 구석구석이
책으로 넘쳐 났고, (……) 책을 읽는 데 너무 몰두한
나머지 몸도 쇠약할 대로 쇠약해졌다. 밤이면
정신이 더욱 또렷해지는 반면 낮에는 몽롱한 상태에
빠져들곤 했다. 이렇게 잠을 거의 자지 않고 독서만
하다 보니 골수가 다 말라 버렸고 결국 분별력을
잃어 버리는 지경에 이르렀다.

—

세르반테스의 알려지지 않은 습작,
「비범한 책방 주인의 연대기」에서

1
{ 책방지기의 독서 편력 }

책방을 운영하려면 어느 정도 이상으로 책에 미쳐 있거나 현실감각이 좀 둔해야 한다. 책의 첫 문장이 좀 어이없어도 곧장 책장을 덮어 버리지 않는 사람이야말로 책방 주인의 자질을 가졌다. 라 만차의 비범한 돈 키호테까지는 아니더라도 책에 사로잡혀 산다고 해도 과언이 아닌 사람들이 분명히 있다. 그리고 그중 누군가는 책방을 해야 할 운명을 타고났다!

여기서는 바로 그 어떤 사람을 'K'라고 부르기로 한다. 우리의 주인공 K 씨는 소설책에 탐닉하다 "골수가 다 말라" 미쳐 버린 돈 키호테 만큼이나 책에 빠져 있는 사람이다. 아주 어렸을 때부터 책을 좋아했던 것도 같지만 어쩐 일인지 학교 공부는 잘하지 못했다. 어른들은 이 녀석이 책을 좋아하니까 공부도 잘할 거라 믿었지만 그런 일은 절대 일어나지 않았다. 책을 좋아했지만 일반적인 학업 과정과 관계된 책은 아니었기 때문이다. 그는 소심한 편이나 복수심은 강해서 기분 상하는 일을 당하면 철저하게 계획해서 복수를 했지만 정작 보복을 당하는 당사자는 자신에게 어떤 일이 일어나는지도 알 수 없는 경우가 많았다.

성인이 된 후 K 씨는 좀처럼 다가가기 힘든 성격인 것 같다는 얘기를 자주 들었다. 책을 읽더라도 워낙 고전 분야의 책을 자주 읽어서인지 자신의 실제 전공보다 문학이나 철학을 공부했냐는 소리를 꽤 들었고 심지어 종교인이냐는 말도 심심찮게 들었다. 언제나 세상과 한 발짝 정도 떨어져 사는 게 편해서 그런 말을 듣더라도 기분이 나쁜 것은 아니지만 시내를 돌아다닐 때마다 눈빛이 맑아 보이신다며 소매 끝을 붙잡는 사람이 많아 성가시긴 했다. 언젠가는 집에 돌아와서 거울에 유심히 눈을 비춰 본 일도 있다.

실제로 책방을 운영하는 주인장들을 만나 보면 확실히 좋은 인상은 아니다. 험상궂거나 음울해 보인다는 것이 아니라 왠지 처음엔 다가가기 힘든 특유의 느낌이 있다. 말수도 적고 모호한 눈빛으로 항상 어딘가를 응시하고 있지만 도무지 어디를 보고 있는지 모르겠다. 책방 문을 열고 들어가면 사람을 좀 봐 주면 좋겠는데 눈길은 다른 곳에 가 있는 데다가 가벼운 인사조차 하지 않는 경우도 있다. 가만히 관찰해 보면 온종일 뭔가를 하는 것 같지만 결국 아무것도 안 하고 있다. 반대로 온종일 아무 일도 안 하는 것 같지만 끊임없이 뭐라도 하고 있다. 물론 그 무언가도 세상 소용없어 보일 때가 많지만. 과묵하지만 여기저기 돌아다니기는 또 열심이다. 어슬렁어슬렁 돌아다닐 때는 실수투성이에 무얼 건드리기만 하면 떨어뜨리고 망가지니 도대체 저 사람이 무슨 일을 할 수 있을까 의심이 드는데 그의 책상이나 방, 그러니까 그의 영역이라고 생각되는 공간만큼은 엄청나게 깨끗하다. 유심히 보면 늘 자기 책상을 정리하거나 책의 위치를 나름의 방식으로 바꾸는 일에 열중하고 있는데 주로 누가 어떤 일을 시키거나 해야 할 일이 쌓여 있을 때 그러고 있으니 사람들은 그가 늘 딴짓을 한다고 생각한다.

K 씨가 책을 좋아하게 된 이유는 걷잡을 수 없이 커지는 호기심 때문이었다. 그런데 이 호기심의 대상이라는 것이 남들이 느끼기에는 하찮게 보이는 것이 대부분이다. 정치, 경제, 사회 등 많은 사람들이 중요하다고 말하는 것에는 도인인 듯 태평하게 반응하면서도 '시계의 초침이 한 번 움직일 때 걸리는 시간은 이 지구상의 모든 장소에서 똑같을까' 같은, 어디 가서 써먹지도 못할 것 같은 엉뚱한 궁금증에 한번 빠지면 며칠 동안 거기에 모든 노력을 쏟는다. 그렇게 해서 끝내 궁금증을

해결해서 속 시원한 웃음을 짓느냐 하면 그것도 아니다. 궁금증이 사라지면 여느 때와 똑같이 좀처럼 다가가기 힘든 표정의 얼굴로 이곳저곳을 어슬렁거리면서 돌아다닐 뿐이다.

써 놓고 보니 조금 이상한 기분이 든다. 과연 이런 사람이 책방을 꾸릴 수 있을까? 그 유유자적한 어슬렁거림만 보면 이게 과연 고양이인지 사람인지 헷갈릴 정도다. 하긴 책방 주인장들을 만나 보면 고양이들과 꽤 친한 것 같다. 비슷한 성향끼리 서로 끌리는 것일지도 모른다.

이 이야기는 여기서 마치고, 이제 조금 더 논리적이고 과학적이며 임상적인 자료를 가지고 책방 주인장들을 분석해 보기로 한다. 일본 도쿄의 오래된 고서점 거리 진보초에서 북토크 이벤트를 했던 때다. 초청을 받아서 가기는 했지만 그곳엔 워낙 훌륭한 서점이 많아서 과연 나 같은 애송이가 이런 곳에서 책을 주제로 이야기를 나눌 자격이 있을까, 하면서 막연한 두려움으로 떨었다. 그런데 이런 긴장을 잠시 떨치게 해 준 일이 있다.

진보초는 200년 역사를 자랑하는 고서점 거리답게 매년 가을마다 큰 규모로 고서축제를 하는데 그 시기에 진보초의 서점들을 소개하는 가이드북을 함께 펴낸다. 이날도 나는 한 고서점에 들러 가이드북을 얻고는 올해는 어떤 서점이 실렸는지 대강 살펴봤다. 앞쪽에 진보초에서 가볼 만한 서점 72곳을 선정해서 짧게 소개한 기사가 있었는데 재미있게도 주인장들이 저마다 자신의 혈액형이 표시된 팻말을 손에 들고 찍은 사진이 함께 실려 있었다.

흔히들 혈액형으로 사람의 성향을 구분하는 것이 아무 의미 없다고 하는데 가이드북을 가만히 살펴보니 확실히 흥미로운 구석이 있었다. 소개된 책방은 총 72곳이고 이 중에 A형인 주인장은 26명이다. B형은 11명, AB형이 6명, O형이 27명이다. 무응답자도 2명 있다. 표본이 72명뿐이기는 하지만 A형과 O형이 압도적으로 많았다. 흔히 A형은 소심하지만 꼼꼼한 성격이고 O형은 호기심이 많고 사람들과 잘 어울리는 성격이라고 한다. 물론 아무런 근거는 없다지만 이런 결과를 보니 어쩐지 "정말 그런 것 같은데?" 하는 말이 절로 입 밖으로 나왔다.

곰곰 생각해 보니 정말로 그렇다. 책방은, 책을 다루는 일을 하려면 좀 꼼꼼하면서도 다방면으로 호기심이 많고 손님과 잘 어울릴 수 있어야 하니 의미 없는 혈액형 분류법이라고 하더라도 O형인 내겐 특별한 의미로 다가왔다. 하지만 이런 이야기가 재미있다고 여긴 내가 사진과 함께 SNS에 내용을 올렸을 때 가장 먼저 달린 댓글은 '한뼘책방' 주인장의 것이었다. 댓글 내용은, "여기 B형 한 명 추가요!"

2
작은 책방이란 어떤 곳인가

　운명적인 힘에 이끌려 작은 책방의 주인이 되려고 하는 K 씨의 모험은 이제부터 시작이다. 책방을 한다는 것은 어디까지나 현실이다. 카프카 소설 『변신』에서 주인공 그레고르 잠자가 갑자기 벌레로 변해 버렸어도 아침에 출근해야 한다는 현실은 변하지 않은 것처럼 말이다. 작은 책방을 시작하기로 마음먹었다고 해서 어떤 신묘한 능력이 갑자기 주어질 일은 없으니 이제 현실 세계의 문제를 고민해 볼 차례다.

　몇 해 전부터 참으로 다양한 형태로 저마다 개성을 뽐내는 작은 책방이 많이 생겨났다. 이 책방들을 보고 있자면 한편으로 생각이 복잡해진다. 과연 어떤 책방을 어떻게 만들어서 무슨 수로 꾸려 나갈 것인가? 차근차근 처음부터 생각해 보기로 한다.

여기서 우리가 함께 고민해 볼 책방은 '작은 책방'이다. 말 그대로 규모가 크지 않은 책방을 꾸리는 게 목표다. 그러면 어느 정도의 규모를 '작다'라고 말할 수 있을까? 생각하기 나름이겠지만 여기서는 전체 면적의 최대치를 100제곱미터로 정한다. 이유는 일하는 사람과 관계있다. 내가 말하는 작은 책방은 일하는 사람이 주인장 혼자, 혹은 주인장을 포함해서 최대 세 명까지다. 그 정도 인원이 무리하지 않고 감당할 수 있는 규모를 최대 100제곱미터로 본다.

그리고 자기 소유인지, 임대인지와 상관없이 가게를 차릴 때 쓸 수 있는 총비용을 임대료와 인테리어 비용 포함 총 5천만 원 정도로 제한한다. 이 정도 금액으로 서울을 포함한 대도시에서 꾸릴 수 있는 공간은 정말 작은 가게밖에 없을 것이다.

마지막으로 내가 말하려고 하는 작은 책방 꾸리기의 목표는 돈을 많이 벌어서 크게 한몫 잡을 수 있는 사업이 아니라 되도록 오랫동안 한 동네에서 터를 잡고 사람들과 어울리며 그 주변에 좋은 영향을 끼치는 사업을 하는 것이다.

나는 작은 책방이야말로 우리가 살아가는 공동체에 꼭 필요한 존재라고 믿는다. 여러 해 전, 한창 마을 공동체 운동이 활발하던 때 우리 동네에 청소년을 위한 복합 문화시설을 만든다는 얘기가 나와서 설명회에 참석했다. 사업비는 정부에서 내고 실행은 주민 자치로 하는 것인데 사람들이 가장 관심 있어 하는 주제는 과연 그 시설을 동네 어느 곳에 설치하느냐 하는 문제였다. 당연히 저마다 자신이 거주하는 곳 근처에 그런 시설이 들어서기를 바랐다. 그런데 나는 이 발상이 처음부터 잘못된 것처럼 느껴졌다. 그 시설의 형태와 기능을 대강 설명하는 책자를 보니 5층짜리 건물에 각 층마다 청소년이 자유롭게 이용할 수 있는 여러 가지 시설을 갖춘 멋진 미래상이 먼저 눈에 들어왔다. 사업비는 어마어마하게 큰 액수였다. 시설 모형을 보자마자 왜 청소년 시설을 거대한 백화점처럼 만들어야 하는 걸까 궁금증이 일었다. 그 건물이 어느 곳에 들어서건 근처에 사는 사람들은 아주 좋을 것이다. 하지만 멀리 떨어진 곳에 사는 사람들은 그 좋은 시설을 거의 이용하지 못할 가능성이 크다. 큰 덩치의 건물을 만들 돈을 쪼개서 소규모로 여러 개를 동네마다 만드는 게 더 좋지 않겠느냐는 의견을 내 봤지만 내 말에 귀 기울이는 사람은 없는 것 같았다.

큰 시설은 대규모의 일을 추진하기는 좋지만 사람들의 목소리를 듣거나 작지만 새로운 일을 시도하기에는 적합하지 않을 수 있다. 책방도 마찬가지로 큰 책방이 할 수 있는 큰 규모의 일이 있는가 하면 작은 책방만이 할 수 있는 소소하지만 의미 있는 일이 있다. 이 두 가지

가운데 어떤 것이 우선인지를 따질 수는 없다. 둘 중 하나를 굳이 선택하라면, 지금처럼 세상이 복잡하고 저마다 힘겨운 싸움을 해 나가듯 살 수밖에 없는 상황에서는 작은 책방이 더 절실하다고 힘주어 말하겠다. 작은 책방은 사람들에게 소소한 즐거움이 삶을 얼마나 풍요롭게 만들 수 있는지 보여 준다. 그리고 그것이 우리 삶에서 가장 중요한 요소라는 것을 증명한다.

언젠가 대형서점에서 하는 저자 강연 이벤트에 간 일이 있다. 꽤 넓은 곳에 많은 청중이 앉아 있었고 유명 저자가 강단에 올라 재미있는 이야기를 했다. 사람들은 웃고 박수치며 즐거운 시간을 보냈다. 물론 흥미롭고 재미있었다. 하지만 며칠 후 어느 작은 책방에서 한 저자와의 만남 이벤트에 참석했을 때 나는 즐거움을 넘어선 풍요로움을 느꼈다. 모인 사람은 대여섯 명 정도였지만 끝나고 나서도 말로는 차마 설명하기 힘든 충족감의 여운이 한참이나 남았다. 대형서점 이벤트는 공짜였고 대여섯 명 모인 그 자리는 참가비로 만 원이나 냈는데도 말이다!

작은 책방 일꾼을 한 명에서 최대 세 명까지로 정한 것도 비슷한 이유다. 작은 책방은 책만 파는 곳이 아니다. 뒤에 자세히 설명하겠지만 아무리 작은 책방이라고 해도 책만 팔아서는 꾸리는 데 한계가 있다. 그러니 필연적으로 여러 가지 이벤트를 만들고 열어야 하는데 여기서 핵심은 이벤트를 얼마나 재미있고 멋지게 보여 주는가가 아니다. 작은 책방에서 하는 모든 일에서 가장 중요한 부분은 바로 일꾼이다.

작은 책방 일꾼은 그곳을 완전히 이해하고 있다는 믿음을 주어야 한다. 그저 일하는 사람이 아니라 어떤 사람이 한 책방을 떠올리면 바로 그 책방 일꾼의 모습이 '함께' 그려질 정도로 그곳의 캐릭터가 될 필요가 있다. 규모가 커지면 시스템이 중요하지만 작은 책방의 경우 한두 사람의 재능이 중요한 역할을 한다. 이 사람이 책방의 아주 작은 부분까지 속속들이 장악하고 있다는 기분이 들 때 손님은 절로 편안함과 신뢰를 느낀다. 반대로 책방에서 일하는 사람이 그저 아르바이트생 같은 느낌이라면 오히려 분위기는 서먹해진다.

작은 책방에서 일하는 사람은 한 권의 책처럼 사람들에게 위로와 평안함을 선사해야 한다. 손님이 들어오면 인사하고 책값을 계산하는 정도에 머문다면 그곳은 미래를 장담할 수 없다. 책은 어디든 있다. 인터넷으로 사는 게 더 쉽다. 그러나 굳이 그 책방에 가서 사는 이유를 물어보면 거기서 일하는 사람을 믿기 때문이라고 대답하는 사람이 꽤 많다. 작은 책방은 규모가 작기 때문에 일하는 사람도 적을 수밖에 없지만 한편으론 이 적은 사람이 커다란 장점이 되도록 만들어야 책방을 오랫동안 꾸려 나갈 힘이 생긴다. 어디까지나 책방을 운영하는 주체는 사람이기 때문이다.

마지막으로 돈 이야기를 하지 않을 수 없다. 실은 이게 가장 현실적인 문제다. 가진 돈이 이미 많아서 취미 생활로 책방을 하려는 게 아니라면 분명히 돈은 큰 걸림돌이다. 돈을 많이 투자하면 당연히 더 입지 조건이 좋은 곳에 가게를 얻고 내부 인테리어도 멋지게 할 수 있다. 하지만 작은 책방을 하려는 분에게 나는 언제나 가능하면 돈을 적게 들이라고 조언한다. 주머니에 여윳돈이 많더라도 말이다.

나는 서울 은평구 한 동네 골목 지하에서 책방을 시작했다. 보증금 1,000만 원에 월세 40만 원이었다. 해가 바뀔수록 월세가 많이 오르긴 했지만 보증금은 그대로였다. 지하에서 8년 동안 있다가 거기서 도보로 5분 정도 거리의 가게로 옮겼는데 2층이라 지하보다는 훨씬 환경이 좋아졌다. 역시 보증금은 1,000만 원으로 변함없고 인테리어 비용으로 500만 원 정도를 지출했다. 월세와 고정비를 합치면 100만 원 정도를 매달 지불하고 있는데 서울에서 이 정도면 상당히 저렴한 편이다.

작은 책방을 낼 때 무리하게 큰돈을 투자하면 어쩔 수 없이 본전에 대한 생각에서 벗어나기 힘들다. 손님이 문을 열고 들어올 때마다 돈으로 보이기도 한다. 적은 돈으로 시작하면 마음이 소박해지고 책방에서 사람들을 만날 때도 욕심 부리지 않게 된다. 정작 주인은 잘 몰라도 손님은 문을 열고 들어오는 순간 직감하는 게 있다. 이 가게가 사람의 힘으로 운영되는 곳인지 돈으로 운영되는 곳인지를. 그럼 이제 K 씨가 염두에 두어야 할 중요한 것이 무엇인지 눈치챘을 것이다. 작은 책방은 무엇보다 그 안에서 사람 냄새를 맡을 수 있다면 절반은 성공이다.

3
{ 책 속엔 길이 없다 }

아주 간단하게 말하자면, 어떤 가게든 일할 사람과 돈만 있으면 시작할 수 있다. 그러나 문제의 심각성은 바로 여기에서부터 나온다. 책방을 해 보고 싶다며 내게 조언을 구하러 오는 분 중에 꽤 많은 경우가 이런 식이다. K 씨도 막연하게 책방을 하고 싶긴 한데 어찌하면 되는지 전혀 모른다. 다만 돈은 있다. 돈이 있으니 방법만 알면 당장 책방을 시작할 수 있을 줄 알았단다.

이렇게 막막한 느낌으로 나를 찾는 사람들과 얘기를 해 보면 조금은 이해가 가기도 한다. 돈이 많은데 왜 하필이면 책방을 하려고 할까? 이유는 책을 좋아하기 때문이다. 얘기를 들어 보면 책에 대한 관심과 애정이 엄청나서 때론 다 듣고 있기 어려울 정도다. 나도 책이라면 사족을 못 쓸 정도로 좋아하지만 다른 사람이 책 좋아하는 얘기를 오래 듣고 있는 건 고역이다. 앞에 앉아 너무 장황하게 책에 대한 애정을 늘어놓으며 과시하는 분이 있다. 가끔은 이분이 책방을 내고 싶어서 찾아온 것일까 아니면 그저 자기 얘기를 들어줄 사람이 필요했 던 것일까 의구심마저 들 때가 있다.

책에 대한 넘치는 애정이 잘못된 것은 아니다. 잘못은 결론이다. 이야기가 거의 마무리 될 즈음 "그래서 나도 이젠 좀 편하게 생활하면서 이런 거나 한번 해 봐야겠다 고 생각했습니다"라며 허허 웃는다. 물론 그분만 웃고 있다. 내 표정은 이렇게 굳어 있는데. 눈 똑바로 뜨고 이렇게 쏘아 주고 싶다. "죄송하지만 이런 거 아무나 하 는 거 아닙니다!"

작은 책방은, 아무리 작더라도 엄연한 사업이고 경제 활동이기 때문에 냉정하게 접근해야 한다. 그게 참 어 렵다. '외유내강'이라는 말이 있듯이 사람들에게 한없 이 따뜻한 느낌을 전해 주는 책방이 되어야 하지만 그 곳을 운영하려면 무엇보다 냉철한 현실 인식이 있어야 한다.

책은 때로 사람을 감상에 젖게 만든다. 무슨 일이든 다 할 수 있을 것처럼 힘을 주거나 삶의 모든 상처가 한 순간 치유될 수 있다는 환상을 심어 주기도 한다. 묘한 물건이다. 한 사람의 인생을 송두리째 바꿔 놓을 수 있 는 물건이 세상에 책 말고 또 무엇이 있을까? 위험한 물건이다. 그런 책을 쌓아 놓고 파는 곳이 책방이다. 아름다운 감상에 푹 젖어 있다면 지금 당장 빠져나오길 바란다.

돈 키호테가 책 속에서 걸어 나온 게 아닐까 싶은 사람을 책방에서 종종 만난다. 책방을 하고 싶다는 분 중에도 이런 유형이 꽤 있다. 실은 나도 책방을 하려고 마음먹었을 때 그랬다. 그때 내가 어느 정도 감상에 젖어 있었는가 하면, 가게 문만 열어 놓으면 저절로 손님이 들어와서 책을 사 간다고 굳게 믿었다. 책방을 시작하고 한 달 정도는 그렇게 꿈속에서 허우적거리며 살았던 것 같다.

내가 누구인가? 나름 공대 컴퓨터공학과 출신으로 냉철한 지성과 상황분석 능력 그리고 문제해결 능력까지 두루 갖춘 인재 중의 인재가 아니던가? 졸업 작품으로 발표한 컴퓨터 프로그램으로 교내 최고 성적을 받고 이후 몇 년 동안 IT 회사에서도 능력을 인정받았다. 책방 운영쯤은 간단한 일이라고 생각했다. 우선 책방에서 음료를 만들어 팔아야 안정적인 수익이 발생할 거라고 판단해서 메뉴를 결정했다. 음료 가격은 저렴하게 3천 원이다. 못해도 하루 열 명은 음료를 주문하지 않겠나? 그리고 손님 두 명 중 한 명은 평균 1만 원짜리 책을 살 것이라고 예상했다. 그러면 최소 하루 매출은 음료 3만 원과 책 5만 원을 더해 총 8만 원이다. 한 달을 30일로 하고 일요일만 쉰다면 26일 동안 8만 원이니까 월 매출액은 $26 \times 80,000 = 2,080,000$원이다. 당시 가게 월 임대료가 40만 원이었으니까 2백만 원 정도 매출이면 순이익금도 꽤 남는다. 두레생협 조합원이었던 나는 자신감에 불타올라 모든 음료 재료를 생협에서 조달했다. 내 계산에 의하면 그렇게 해도 많이 남는 장사였다. 회사 그만두길 정말로 잘했다!

"멈추어라, 세상은 정말로 아름답구나!"●

하지만 한 달 정도 지나서부터 나는 계산기를 내려놓고 두 손 모아 하느님께 기도하기 시작했다. 분명 내 계산은 틀리지 않았다. 문제는 계산이 아니었다. 문을 열고 한 달 정도 지났는데도 손님이 거의 오지 않았다. 하루에 열 명은커녕 한 달 동안 다녀간 사람이 채 열 명도 되지 않았다. 도대체 왜? 암담했다. 계산이 어디서 틀렸나? 그런 게 아니었다. 자리에 앉아 돈 계산만 했을 뿐 정작 책방 홍보도 하지 않았던 것이다. 교회에 다니며 한 기도 중 가장 간절한 기도였다. 손님 좀 오게 해 달라고. 기도는 나만 했나? 우리 어머니도 가게를 위해서 기도한다고 하셨다. 분명히 그런 말을 들었는데 내가 잘못 들었나? 기도를 제대로 하고 계신지 어머니께 전화해서 물어보고 싶은 심정이었다.

● 괴테의 『파우스트』에서 주인공 파우스트가 긴 방황 뒤 인생 최대의 만족스러운 순간을 맞으며 소리친 말. 이 말을 하면 악마 메피스토가 파우스트의 영혼을 지옥으로 데려가기로 했으나 신의 은총으로 파우스트의 영혼은 천국으로 올라간다.

이 참담한 결과는 한 달로 끝나지 않았다. 내 기억으로 손님이 거의 없는 날이 반년 정도는 이어졌다. 작은 책방 운영을 낭만적으로 접근했던 대가를 혹독하게 치른 셈이다. 이후로 나는 책방에서 쇼팽이나 프란츠 리스트 같은 낭만파 음악조차 잘 안 듣는다. 음악 하면 역시 바흐나 브람스가 아니겠는가, 하는 낭만적인 생각을 여전히 하고 있지만……

다시 한번 우리의 비범하고 용감한 주인공 K 씨를 불러내서 말해 준다. "K 씨, 설마 당신도 이런 낭만적인 생각만으로 책방을 시작하려는 건 아니지요? 겉으로 보기에는 꽤 멋있어 보이는 책방이지만 이런 거나 해 볼까, 하고 가볍게 다가갔다가는 혹독한 수업료를 치르게 될 겁니다. 저의 이야기를 들었으니 아시겠지만 이건 하느님도 절대 도와줄 수 없습니다. 지금이 작은 책방을 하겠다는 다짐을 물릴 마지막 기회입니다. 감성 충만한 작은 책방을 하더라도 당신은 절대 감상에 빠지지 않을 자신이 있나요?"

이때, K 씨는 나와 눈을 마주치지 않고 먼 곳에 있는 무언가를 보고 있다. 입은 약간 벌리고 눈동자는 여전히 다른 곳에 고정되어 있다. 이건 뭐지? 전혀 듣고 있지 않잖아! K 씨가 아까부터 보고 있는 쪽으로 고개를 돌리니 한쪽 구석에 자리한 사진 액자가 눈에 들어온다. 그 사진은 꽤 오랫동안 그 자리에 있어서 나조차도 그게 언제부터 있었는지 얼른 기억이 나지 않았다. 결국 우리 책방 홈페이지를 찾아보고서야 기억을 떠올릴 수 있었다.

사진은 2009년 9월 26일에 우리 책방에서 찍은 것이다. 어떻게 자세한 날짜까지 기억하냐면 그날은 은평구에 있는 서부비정규직센터에서 주최한 토론회와 회원 총회 행사를 했던 뜻 깊은 날이기 때문이다. '노래를 찾는 사람들' 멤버로 활동한 가수 명인 씨가 함께 참석해 무대에서 예정에 없던 노래를 불렀다. 멋진 목소리로 사람들을 감동시킨 것은 두말할 것 없다. K 씨는 바로 그 노래 부르는 장면을 담은 사진 속 분위기에 빠져 있었다.

나는 책방 행사 때마다 늘 사진을 찍었는데 여태 촬영한 많은 사진 중에 이것이 가장 기억에 남는다. 사진 속 장면의 분위기는 정말 낭만적이다. 그러나 이런 장면을 만들어 내기까지 준비한 시간은 결코 낭만적이지 않았다. 적지 않은 시행착오와 그것을 분석해서 계속 새로운 계획을 만들어 낸 노력의 결과였다. K 씨에게 이제부터 이야기해 주고 싶은 많은 사연이 저 사진 속에 들어 있다. 그러나 지금은 그 사연을 다 알지 못할 것이다. 이 여정은 지금 막 시작되었다.

아직 우리는 작은 책방을 시작하기 위해 아무것도 한 것이 없다. 흰 종이가 우리 앞에 놓여 있을 뿐이다. 그 위에 무엇을 그려 나갈지는 각자의 몫이다. 어떤 사람은 벌써 훌륭한 밑그림을 그려 놓고 멋지게 색을 입힐 준비를 하고 있다. 몇몇은 아직 붓도 들지 못한 채 망설이고 있다. K 씨는 여전히 멍한 눈으로 다른 곳을 바라보고 있다.

체 게바라가 이런 유명한 말을 남겼다. "우리 모두 리얼리스트가 되자. 하지만 가슴 속에 불가능한 꿈을 가지자." 두 문장은 완전히 상반되는 것처럼 보인다. 불가능한 꿈을 꾸는 사람이 어떻게 현실을 제대로 볼 수 있을까? 그런데 지금 우리가 바로 그런 이율배반에 가까운 일을 하려고 진지하게 이야기를 나누고 있다.

작은 책방이란 그런 곳이다. 하염없이 책을 팔고 또 팔아도 수익이 많지 않다. 수익은 많지 않은데 신간은 날마다 엄청나게 쏟아져 나온다. 책들은 저마다 이룰 수 없는 꿈을 담고 있는 보물 상자다. 누군가는 책을 통해 꿈을 꾸지만 누군가는 그 책을 팔아서 먹고 살아야 하고 달마다 임대료도 내야 하고 망하지 않으려 발버둥친다. 이게 현실이다. 이렇게 생각하면 작은 책방을 하겠다는 사람들 모두가 이제 무턱대고 풍차를 향해 돌진하는 돈 키호테가 아니라 눈을 부릅뜬 체 게바라 같은 모습이 된다.

이룰 수 없는 꿈을 가진 사람이 한두 명일 때 그이는 바보 취급을 받을지도 모른다. 하지만 이런 사람이 많이 생겨나 다 함께 걸어가면 루쉰의 말대로 숲에 오솔길이 생긴다. 작은 책방은 그저 작은 가게 이상의 의미가 있다. 우리가 사는 공동체 구석구석에 스며들어 세상을 숨 쉬게 만드는 실핏줄이다. 지금보다 더 많은 사람들이 저마다 개성을 가지고 꽃을 피우듯 작은 책방을 만들면 메말라 버려진 모든 곳이 어느새 꽃밭으로 변할 거라는 걸 믿어 의심치 않는다.

수많은 '책'게바라들이여, 우리 모두 한 손에는 책을 들고 다른 손으로는 고양이 궁둥이를 팡팡 두들기면서 한여름 꽃처럼 활짝 필 작은 책방을 시작해 보자!

4
{ 로시난테, 산초 판사 그리고 둘시네아 }

작은 책방을 하려는 사람들이 모두 혁명가이고 돈 키호테일 필요는 없다. 그런데 불가능한 꿈을 가지고 무작정 달려들고 보는 무모함이 큰 무기일 수는 있다. 소설 속 돈 키호테는 누가 보더라도 조금, 아니 많이 미친 사람이다. 그런데 이렇게나 미친 사람이 여러 마을을 돌아다니며 편력기사로서 업적을 쌓아 나가는 긴 이야기를 모두 읽고 나면 살면서 뭔가 한 가지에 미쳐 보는 것도 그리 나쁘지만은 않을 것 같다는 생각이 든다.

작은 책방을 하고 싶다는 사람에게 나는 돈 키호테를 어떻게 생각하느냐고 묻곤 한다. 질문을 받은 사람은 보통 이렇게 받아들인다. '책방을 꾸린다는 게 돈 키호테의 모험처럼 무모한 일이어서 이렇게 묻는구나.' 아주 틀린 말은 아니다. 하지만 내가 그렇게 묻는 건 돈 키호테가 모험을 시작할 수 있었던 이유 때문이다. 망상에 빠져 머리가 좀 이상해진 것만으로는 이런 일이 불가능하다. 그가 편력기사 이야기의 주인공이 될 수 있었던 이유는 불가능한 꿈을 가졌지만 한편으로는 지극한 리얼리스트였기 때문이다.

우리는 흔히 돈 키호테가 아무 대책도 없이 무작정 집을 뛰쳐나가 곧장 풍차를 향해 돌진한 것으로 알고 있다. 전혀 그렇지 않다. 그는 기사가 되기로 마음먹은 순간부터 주변을 살피고 모험을 떠나기 위한 준비 작업에 돌입했다. 준비는 상당히 구체적이었다. 비록 뼈만 앙상하게 남아 볼품없는 상태였지만 로시난테라는 말이 있었고 산초 판사를 시종으로 선택한다. 그리고 기사에게 가장 필요한 것이 있으니 바로 충성을 맹세할 고귀한 아가씨의 존재다. 이 역시 동네 여관에서 찾아냈다. 실제 국왕이 해 준 것은 아니었지만 기사 임명식까지 멋지게 치른 후에야 돈 키호테는 임무를 수행하기 위해 길을 나선다. 준비 작업의 각 단계를 살펴보면 추상적인 면이 없는 것에 놀란다.

작은 책방을 준비할 때 많은 사람이 가게 위치부터 고민한다. 어디에 가게를 얻어야 할까? 지하철역에서 너무 떨어져 있는 곳은 손님들이 찾아오기 힘들겠지? 보증금과 임대료는 어느 정도 선이 괜찮을까? 물론 아주 중요한 문제이긴 하지만 가장 처음 고민할 사항은 따로 있다. 돈 키호테 역시 기사가 되려고 했을 때 먼저 어느 곳에 가서 악당들을 물리치고 공을 세울지 생각하지 않았다. 문제는 우선 기사의 모습을 확실히 갖추는 데 있었다. 그 모습을 구체적으로 그려 본 것이다.

처음으로 고민할 것은 이제부터 만들 작은 책방의 전체적인 그림을 그리는 일이다. 머릿속으로 대강 이러이러한 느낌의 책방이면 멋지지 않을까, 정도로 생각해서는 곤란하다. 그보다는 훨씬 구체적인 요소들을 미리 그림으로 그려 놔야 한다. 쉽게 말하면 책방의 콘셉트를 잡는 것인데, 이때 고려할 사항은 큰 주제를 먼저 설정하고 조금씩 아래로 내려가면서 세밀한 부분까지 정확히 표현할 수 있을 정도가 되어야 한다.

예를 들어 다음과 같은 표를 만들어 보자. 우리 책방의 경우 처음부터 『이상한 나라의 앨리스』에서 착안했기 때문에 가게 이름도 이 책에서 빌려왔다. 표의 맨 왼쪽에 가게를 대표하는 가장 큰 주제를 적고(책방 이름이 아니어도 괜찮다) 그것을 연상시키는 구체적인 이미지 세 개를 중간에 쓴다. 그리고 다시 이미지 한 개를 현실화시킬 수 있는 각기 다른 아이디어, 혹은 목표 세 가지를 오른쪽에 나눠 쓴다. 물론 마지막에 적은 아홉 개 항목은 처음에 적은 대표 주제와 통해야 한다. 전체 표를 보았을 때 하나의 큰 이야기를 떠올릴 수 있을 정도로 자연스럽게 연결되도록 하는 것이 핵심이다.

이상한 나라의 헌책방	이상한 나라의 앨리스(책)	외국 고서(빅토리아 시대)
		중고 책 판매
		차 메뉴 개발(홍차, 티파티 이벤트)
	캐릭터: 토끼, 고양이, 모자장수	이벤트 할 때 주인장은 모자장수로 변신
		책방 마스코트는 동물로!
		빈티지 수집품 전시 및 판매
	토끼 굴 인테리어	지하 매장을 토끼 굴 이미지로 적극 홍보
		입구에서부터 흥미를 끄는 인테리어 소품 배치
		매장 내부는 조금 어둡고 미스터리한 분위기

　작은 책방을 만들고 꾸리기 위해서는 되도록 처음부터 확실한 콘셉트를 정해서 책방의 모든 요소를 통일감 있게 구성하는 것이 좋다. 이렇게 하는 이유는 나중에 어떤 방식으로든 가게를 홍보할 때 효과를 더욱 크게 할 수 있기 때문이다. 실내 인테리어의 통일성만을 말하는 게 아니다. 전체적인 분위기, 책 판매 이외의 활동, 심지어는 주인장의 사생활마저 이 콘셉트에 맞출 수 있다면 금상첨화다. 그러니 콘셉트를 정할 때 무리해서 마

냥 좋아 보이는 것, 지금 유행인 것을 선택하지 말고 다른 사람이 볼 때 조금은 의외라고 여겨지는 것일지라도 본인이 평소에 흠뻑 빠져서 즐기고 있는 주제를 선택하길 권한다.

표 그리기는 바로 그 지점을 알아보기 위해 스스로 묻고 대답하는 과정이라고 할 수 있다. 표의 칸을 채울 때는 추상적인 표현을 쓰지 않도록 주의한다. 예를 들어, '고양이'를 주제로 잡았다면 '귀엽다'거나 '편안하다'는 말보다 '길고양이', '고양이 털'같이 구체적인 내용을 적는다. 만약 표 속에 내용을 빠르게 한 번에 채워 넣지 못하고 오랫동안 주저하고 있다면 그만큼 평소 해당 주제에 대해 많이 생각하지 않았거나 뜬구름 잡듯 관념적인 이미지에 머물러 있었다는 뜻이다.

내가 '이상한나라의헌책방'을 시작할 무렵 작성한 표를 예로 들면, 가게 이름인 '이상한나라의헌책방'에서부터 '책', '대표 캐릭터', '인테리어' 이렇게 세 부분에 집중했다. 일단 책방이니 책은 당연히 갖추어야 하는데, 주제인 앨리스 이미지에 맞게 빅토리아 시대 고서를 입수해서 판매한다거나 앨리스 수집품을 책방에 전시하는 등으로 통일감을 주었다. 음료 역시 앨리스에 나오는 '티파티' 장면을 흉내 내고 싶어서 홍차 판매 계획을 세웠는데 뜻대로 잘 되지 않았다. 일정 수준 이상의 맛 좋은 홍차 메뉴를 내는 것은 상당한 공부가 필요하다는 사실을 몰랐기 때문이다. 결국 상시 판매는 포기했고 특별 이벤트를 통해 손님에게 서비스하는 식으로 아이디어를 이어 나갔다.

다른 두 가지도 아이디어를 꾸준히 잘 살린 덕분에 지금까지 좋은 성과를 거둘 수 있었다. 특히 특별한 이벤트를 할 때 나는 곧잘 모자장수로 분장을 하는데 이게 예상을 뛰어넘는 큰 반응을 얻었다. 사람들은 재미있는 모자장수 캐릭터를 기억했고 그 기억은 자연스럽게 책방으로 연결됐다.

책방 인테리어는 한정된 금액으로 할 수밖에 없었기 때문에 그 한도 내에서 해결할 수 있는 것을 그대로 아이디어로 연결한 경우다. 가게를 알아볼 때 보증금으로 쓸 수 있는 돈이 넉넉하지 않아서 지상에 있는 상가 중에서는 내가 생각한 분위기를 낼 수 있을 만한 곳이 없었다. 예산에 맞추다 보니 결론은 지하로 가는 수밖에 없었는데 이걸 앨리스 책에 나오는 토끼 굴 이미지와 연관시키면 오히려 홍보 효과가 있을 것이라고 예상했다. 결과는 만족스러웠다. 책방을 시작하고 나서 처음 한두 해는 고전했지만 꾸준히 앨리스와 토끼 굴 매장 이미지를 엮어서 홍보한 덕분에 여러 매체를 통해 재미있는 기사로 소개될 수 있었다.

나는 작은 책방을 하고 싶어서 조언을 구하는 분들에게 이 표를 앉은 자리에서 즉시 채워 넣도록 청하곤 했다. 결과는 놀라웠다. 지금껏 30분 이내에 표를 완성한 사람은 거의 없었다. 이후로 나는 수많은 K 씨에게 이 표를 숙제로 내고 일주일 후에 완성해서 보여 달라고 하고 있다. 일주일이라는 시간이 주어져도 표를 완성한 분보다 그렇지 못한 분이 훨씬 많았다.

책방을 하고 싶어서 누군가에게 조언을 구할 정도가 되면 자신이 어떤 책방을 만들고 싶은지 확실한 콘셉트까지는 정해 놓은 상태이기 마련이다. 그럼에도 그 콘셉트를 어떻게 구체화할 것인지에 대해서는 큰 고민을 하지 않는 것이 몹시 안타깝다. 심지어 "요즘에 고양이가 유행인데 저도 고양이라면 누구 못지않게 좋아해서 고양이 서점을 해 보면 어떨까 싶어요"라며 쉽게 말하는 모습을 보면 조언은커녕 한숨부터 나온다.

5
말로는 뭘 못하나?

이상과 같이 밑그림을 그리는 동안 반응은 크게 두 가지로 갈린다. 자신이 그동안 책방을 너무 감상적으로 생각했다는 사실을 깨닫고 처음부터 다시 고민하겠다는 분들이 있는 반면, 이 일을 계기로 확실히 자신감을 가지게 되었다며 더욱 분발하는 유형도 있다. 어느 쪽이든 좋다. 소소한 경험을 통해 상상했던 것과 현실의 경계를 조금이나마 알게 되었다면 말이다.

내가 볼 때 가장 난감한 경우는 책방을 하겠다는 생각만 가지고 이미 가게 임대 계약까지 다 해 놓은 상태에서 이제부터 어떻게 해야 할지 고민이라며 조언을 구할 때다. 이건 정말 답이 없다. 아무쪼록 이런 실수를 하지 말기 바란다. 작은 책방을 꾸릴 때는 책방 이름부터 가게 위치와 규모 그리고 어떤 책을 어떤 방식으로 선별하고 배치할 것인지까지가 모두 유기적으로 연결되어 있어야 한다.

예전엔 가게를 시작할 때 흔히 '상권 분석'이라는 걸 했지만 프랜차이즈 음식점이나 편의점을 개업하는 것이 아니라면 상권 분석에 앞서서 가게에 어떤 이야기를 담을지 정하고 그에 따라 가게의 외관을 설계해야 한다. 기본적으로 유동인구가 많은 곳에서 가게를 시작하면 홍보나 매출에 여러모로 도움이 된다. 하지만 작은 책방은 그저 지나가는 사람의 눈길을 끌어서 문을 열고 들어오게 하는 것 이상의 의미를 지녀야 한다. 유동인구가 있건 없건 사람들이 우연히 가게 문을 열고 들어오기보다는 손님이 일부러 수고와 노력을 들여서라도 이곳을 찾아오도록 만들어야 진정한 성공이다.

가게 이름을 정하는 건 가장 처음에 해야 할 일이면서 동시에 가장 중요한 절차다. 이제부터 시작할 작은 책방의 정체성을 단번에 보여 줄 수 있어야 할 뿐만 아니라 한 번 정해진 가게 이름을 나중에 바꾸기는 어려우니 말이다.

가게 상호와 사업자등록증의 업체명이 꼭 같을 필요는 없다. 오히려 나중을 고려해서 사업자등록증 신청 시에는 조금 포괄적인 업체명으로 등록하고 간판에 쓸 상호는 재미있게 짓는 것도 나쁘지 않다. 하지만 사람들에게 흥미를 끌 목적만으로 지금 유행하는 단어를 책방 이름에 섞어 쓰는 것은 피하는 게 좋다. 유행은 한순간 거세게 불다 갑자기 그치는 바람 같아서 훗날 그 이름이 아무런 의미가 없어지는 경우도 흔히 있기 때문이다. 이를테면 '힐링'이나 '욜로' 같은 단어가 유행이라고 가게 이름에 넣는다면 당장은 사람들의 호감을 자극할지 몰라도 길게 보면 좋은 선택이 아니다.

가장 피해야 할 유형은 자기도 확실히 의미를 모르면서 유행이라고 그대로 갖다 붙이는 경우다. 이건 자칫 심각한 결과를 초래할 수 있다. 예전에 내가 살던 동네에 정육점과 고깃집을 함께 하는 식당이 개업 했는데 가게 이름이 '워낭소리'였다. 당시에 소가 등장하는 동명의 다큐멘터리영화가 크게 히트해서 가게 이름을 그렇게 지었을 것으로 추측한다. 언뜻 보면 훌륭한 선택처럼 보인다. 소가 나오는 영화 중에 그 정도로 대중에게 많이 알려진 작품도 드물어서 그도 정육식당 이름을 지으며 차용한 것 아닐까? 하지만 인간과 소의 애틋한 감정을 보여 주는 영화 내용을 생각하면 차마 소고기를 불판 위에 올려 굽고 싶은 생각은 들지 않는다.

업종이 음식점이니 가게 이름 때문에 큰 피해가 생기지는 않았을 것이다. 책방이라면 어떨까? 책방은 사람들이 머리와 가슴을 채우는 곳이다. 당연히 가게 이름을 보며 여러 생각을 할 수밖에 없다. 한 번에 입에 착 붙는 이름도 좋지만 여러 번 떠올려 보면서 생각을 자극하는 이름을 고민해야 한다. 그러면서 즐겁고 따스한 느낌이라면 더할 나위 없다.

요즘엔 대도시를 중심으로 정말 많은 작은 책방이 생겨났고 영감을 줄 만한 책방 이름도 꽤 있으니 기회가 될 때마다 실제로 책방을 방문해서 이름에 담긴 의미를 주인장에게 물어보자. 내가 좋아하는 이름 몇 개를 예로 들어 본다. '한뼘책방'은 이름 그대로 책방이 아주 작다. 문을 열고 들어가서 몇 걸음만 걸으면 책방 구경이 끝날 정도다. 그래서 이름을 '한뼘'이라 지었고 그 한 뼘만큼 조금씩 어디론가 나아가며 성장한다는 의미를 실현하고 있다. 같은 이름으로 출판사도 한다.

'고양이책방 슈뢰딩거'는 이름으로 알 수 있듯 고양이를 콘셉트로 삼은 책방이다. 고양이와 관련된 책을 판매하고 고양이를 중심으로 모인 사람들이 끈끈한 유대 관계를 이루고 있다. 단순히 '고양이책방'이라고 했으면 재미가 떨어졌을 뻔했는데 고양이를 과학실험에 이용한 슈뢰딩거라는 학자의 이름을 함께 붙이면서 그의 유명한 사고실험 '슈뢰딩거의 고양이'도 연상시키는 등 자연스럽게 생각할 거리를 만들어 낸다.

'아름답고 무용하다'는 의미의 첫 글자를 조합해 만든 '아무책방', 이전, 이후 할 때 이후(이다음)의 의미가 담긴 '이후북스', 시인이 운영하는 시詩 전문 책방 이름으로 이보다 멋진 게 또 있을까 싶은 '위트앤시니컬'wit n cynical 등 그 이름을 만들기까지 뒷이야기가 궁금해지는 책방이 많다.

나는 늘 책방이 책과 같다고 생각한다. 그러니까 책방 이름은 곧 책 제목과 같다. 책 제목은 독자가 가장 먼저 보고 기억하는 것이기 때문에 중요하지만 그렇다고 해서 무턱대고 멋지기만 한 제목을 붙이지는 않는다. 우리는 이 작은 책방에 이야기를 담는 작가이자 편집자다. 완성도 높은 책은 읽었을 때 그저 재미있다는 것에 그치지 않는다.

책방을 하기 전, 회사에 다니던 때 몸이 아파서 한동안 업무에 집중을 못 하던 시기가 있었다. 박경리의 『토지』와 최명희의 『혼불』을 마음먹고 천천히 독파했다. 두 작품 모두 어마어마한 분량의 장편 대하소설인데 제목은 그와 반대로 짧다. 책을 읽기 전에 그것이 의아했다. 이렇게 긴 이야기를 대표하는 제목으로 삼기에 너무 짧은 것 아닐까? 적어도 『바람과 함께 사라지다』, 『새들은 페루에 가서 죽다』 정도는 되어야 하지 않을까? 궁금증은 두 책 모두 마지막 문장을 읽는 것과 동시에 명쾌하게 해결됐다.

『토지』와 『혼불』은 비슷한 시대를 다루고 있는 대하소설로 각각 경상도 하동군 평사리와 전라도 남원의 매안마을 일대를 배경으로 펼쳐진다. 매우 긴 이야기이고 등장인물도 많아 복잡한 듯하지만 모두 읽고 나서 가만히 눈을 감고 내용을 생각하면 그 긴 줄거리가 마치 한 장의 그림을 보는 것처럼 명징한 이미지로 떠오른다. 이럴 때 '토지', '혼불'이라는 짧은 단어가 얼마나 상징적인 제목이었는지 깨닫는다. 뛰어난 제목은 복잡한 구성과 긴 이야기가 너저분하게 흩어지지 않도록 하나의 주제로 함축시키는 힘이 있다.

우리말 번역본으로 1천 페이지가 훌쩍 넘는 방대한 분량인 허먼 멜빌의 소설 『모비 딕』의 첫 문장은 "나를 이슈메일이라 불러다오"Call me Ishmael라는 극히 짧은 문장이다. 놀랍게도 작가는 이 단순한 문장 속에 작품의 모든 이야기를 담아 두었다. 이 문장은 현대 영미문학 사상 최고의 첫 문장으로 평가받고 있다. 책방 이름은 바로 이와 같은 역할을 해야 한다.

그렇다고 시작부터 너무 큰 부담을 가질 필요는 없다. 먼저 자신이 상상하는 책방의 모습을 커다랗게 머릿속에 떠올려 본다. 화가처럼 실제로 공책에 책방의 모습을 자유롭게 그려 보는 것도 좋다. 그런 다음 소설가처럼 책방에 이야기를 만든다. 마치 잡지사에서 책방 주인을 인터뷰하는 것처럼 책방 이름의 의미와 특징, 왜 책방을 하게 되었는지 등을 즐거운 마음으로 이야기해 보는 연습을 한다.

책방 만들기 강의를 할 때 한 참여자가 자기 이름을 앞에 넣어서 '△△책빵'이라고 짓고 싶다고 했다. 어감이 재미있고 사람들이 잘 잊지 않을 것 같다는 게 이유였다. 과연 그렇다. '책방'을 소리 나는 그대로 적어서 '책빵'이라고 한 것은 재미있는 아이디어다. 나는 그렇게 이름 지은 이유를 물어봤다. 대답은 그저 재미있기 때문이라고 했다. 물론 재미있다. 하지만 재미있는 건 차고 넘친다. 실제로 운영하는 책방이 그 이름에 담긴 의미와 어느 정도 연관성이 있으면 더 좋다. 예를 들어 가게 이름이 '책빵'이고 그 가게에서 책과 함께 빵을 만들어 판다면 어떨까? 책방 이름 '책빵'과 '책+빵'을 판다는 정체성이 절묘하게 맞아떨어지면서 단순히 재미 이상의 효과를 볼 수 있다.

책방은 책을 다루는 곳이어서 따분하다는 편견도 있지만 재미있자면 또 한없이 즐거운 기분을 줄 수도 있는 곳이다. 그러나 재밌는 책방을 만들 계획이라고 시작부터 재미로만 접근해서는 곤란하다. 일단 책방을 만들고 나면 재미없는 일도 수두룩하게 생기기 마련이다. 자, 그럼 K 씨는 과연 책방 이름을 무엇으로 지었을까?

II
책방에 숨어 있던
무시무시한
역경과 시련을 극복하기 위한
기발한 방법들

아아, 세상에! 나는 어쩌다 이런 고달픈 직업을
택했단 말인가. 허구한 날 책을 팔며 살아야 하다니.
회사에 앉아 업무를 보는 일보다 스트레스가 훨씬 더
심하다. (······) 쏟아지는 신간과 쌓여 있는 재고를
신경써야 하는 일, 불규칙하고 형편없는 식사, 상대가
늘 바뀌어 결코 오래 갈 수 없는 만남과 진실하게
이루어질 수 없는 인간적 교류 등등. 악마여, 제발
이 모든 것을 다 가져가 다오.

어느 날 문득 일어나 보니 책방 주인장이 된 것을 알아차린
프란츠 카프카가 휘갈기듯 남긴 메모에서

6
{ 작은 책방 겉모양 만들기 }

　작은 책방을 만드는 것은 어렵지 않다. 별문제가 없다면 세무서에 가서 사업자등록증을 발급받는 데 한 시간 정도밖에 걸리지 않는다. 책방은 문화 사업으로 요식업 등에 비하면 세금도 아주 적다. 간단히 생각해 보자. 문제는 하나다. 책방이라면 책을 팔아야 하는데 과연 책이라는 물건을 팔아서 수익을 얼마나 낼 수 있을까. 이 문제를 깊이 생각하지 않고는 작든 크든 어떤 책방도 꾸릴 수 없다.

　예쁘게 꾸미는 것은 얼마든지 가능하다. 가진 돈이 많다면 인테리어 전문가에게 의뢰하면 되고 남아도는 시간과 조금의 감각과 손재주가 있다면 하나하나 직접 하는 것도 나쁘지 않다. 중요한 것은 예쁘고 감각적이기만 한 것이 아니라 그 공간에서 어떤 활동을 어떻게 할 것이고 구체적으로 무엇으로 수익을 낼 것인가 하는 문제와 책방 꾸미기를 연결 지어야 한다는 것이다. 분명한 사실은 아무리 좋은 책을 갖추어 놓더라도 책만 팔아서는 장기적인 운영이 녹록지 않을 거라는 사실이다.

다행히 책과 함께 엮을 수 있는 콘텐츠는 아주 많다. 하지만 경우의 수가 많다는 것은 오히려 생각을 복잡하게 만들 수도 있어서 사전에 철저하게 정리가 된 상태에서 책방의 겉모습을 만드는 것이 좋다. 사실 철저하게 계획을 해도 정작 실행에 옮겼을 때 그대로 된다는 보장이 없다. 하물며 계획도 없이 곧장 뛰어든다면 그나마 예상할 수 있는 작은 결실도 장담하기 힘들다.

특징 있는 책방을 만들기로 정했다면 손님이 문을 열고 들어서는 순간부터 눈길이 닿는 곳마다 바로 그런 특징이 잘 스며나도록 작은 소품 하나까지도 신경 써야 한다. 오래전 동네마다 몇 곳씩 있었던 작은 서점들은 대부분 특징이라는 것이 없었다. 출판계는 호황이었고 인터넷 서점도 없었으며 사람들이 책을 많이 사 읽던 때였으니 책방은 책을 진열만 해도 매출이 올랐다. 그러니 굳이 특징을 내세울 필요가 없을 수밖에. 그때도 나름의 고충은 있었겠지만 지금의 고충은 그때와는 비교도 안 되게 심하다. '좋은 책은 반드시 팔린다'는 생각만으로 가만히 기다리고 있으면 절대 손님이 오지 않는다. 오더라도 책을 사지 않을 확률이 높다.

가련한 주인공 K 씨가 바로 그런 실수를 저질렀다. 좋은 책을 선별해서 예쁘게 진열하면 당연히 잘 팔릴 거라고 안일하게 생각한 것이다. 뭐, 틀린 말은 아니다. 좋은 책은 잘 팔리기 마련이다. 하지만 과연 어떤 책이 좋은 책일까? 예전엔 '양서'良書라고 해서 대학교수나 성공한 기업가, 정치인 등이 추천하면 좋은 책 대접을 받았고 사람들도 대체로 공감했다. 지금은 다르다. 빌 게이츠나 오바마 같은 사람이 추천한 책이라도 모든 사람에게 좋을 리는 없다. 반면 누군가에게는 시시해 보이는 책이 다른 어떤 이에게는 큰 힘과 위로를 건네는 좋은 책일 수 있다. 이제 어떤 사람에게 어떤 책이 좋은지는 누구도 쉽게 알 수 없는 복잡한 세상이 되어 버린 것이다.

가장 쉬운 방법은 책방의 특징에 맞는 책을 두루 갖추어 놓고 손님이 스스로 책을 선택하게 만드는 것이다. 이럴 때 서가 인테리어와 책의 선별 그리고 배치는 중요한 문제다. 이건 말로 설명하기 힘든 부분이 있다. 아무래도 시간을 내어 K 씨와 함께 작은 책방 몇 곳을 방문하고 거기서 배울 점을 찾는 게 좋겠다.

가까운 곳부터 가자. 내가 운영하는 책방에서 멀지 않은 서울 서대문구의 '한뼘책방'이다. 이곳은 남가좌동의 한 골목에 위치한 책방인데 이름 그대로 가게 규모가 엄청 작다. 책방을 시작할 때 쓸 수 있는 자금이 한정되어 있었고 예산에 맞추다 보니 넓은 공간을 얻을 수 없었다. 무슨 가게를 하든지 규모가 작다는 것은 장점보다는 단점이다. 공간이 협소하니 판매용 책을 많이 갖출 수도 없다. 하지만 그만큼 임대료가 싸고 관리가 쉽다는 장점도 있다. '한뼘책방'은 그 장점도 최대한 이용했지만 단점도 오히려 내세워서 책방의 특징으로 부각시키는 방법을 이용했다. 장소가 협소하다고 무리해서 책을 쌓아 두지 않고 책이 좀 적어도 여백이 있는 인테리어를 한 것이 보기 좋다. 이렇게 할 수 있었던 건 주인장이 과거 책을 만드는 편집자여서 그만큼 책을 보는 안목이 높았기 때문이다.

　부산에 있는 '동주책방' 역시 규모가 크지 않다. 지금까지 몇 번 이사를 했지만 공간을 늘리지는 않았다. 그도 그럴 것이 이 책방은 국내 1호 자연과학책방으로 자연과학 분야의 책만 취급하기 때문이다. 자연과학 관련 책만 하더라도 모든 책을 다 갖추려면 당연히 책방이 크면 좋겠지만 이 책방 주인장은 자신만의 안목을 확실하게 가진 전문가이기에 갖추고 있는 책이 많지 않아도 신뢰가 간다. 주인장은 실제로 여러 곳에서 공부하며 경력을 쌓은 과학자다. 만나서 이야기를 나누면 주인장이 진정으로 과학을 즐긴다는 게 절로 느껴져서 나까지 유쾌해진다. 이런저런 수집품과 소장용 책도 꽤 있는데 이걸 인테리어 소품으로 활용하고 있으니 책방에 들어서면 우선 눈이 즐겁다. 그리고 이것이 단순히 장식품이 아니라 주인장이 애정을 갖고 수집한 애장품이라는 걸 단박에 알 수 있다. 딱히 감각적이고 예쁜 인테리어 솜씨라고 할 수는 없지만 이렇게 자연스러움이 곳곳에 드러나도록 하면 손님에게 편안함과 믿음을 줄 수 있다.

자연과학책방이라고 하면 나는 자연스럽게 일본 도쿄 중심지에서 조금 떨어진 시모키타자와의 '다윈 룸' Darwin Room이 떠오른다. 워낙 유명한 곳이라 한참 벼르다가 방문했는데 문을 열고 들어서자마자 눈이 휘둥그레 커질 정도로 놀랐다. 매장은 크지 않았지만 외관을 등나무 식물로 빼곡히 장식했고 내부는 거의 자연사박물관 수준으로 꾸몄다. 책과 더불어 여러 가지 과학 실험 기자재와 취미 과학용품 등도 함께 판매했다. 이러면 좁은 공간이 더 좁아 보일 수 있지만 주인장과 이야기를 나눠 보니 이 역시 전략이었다. 이곳을 찾아오는 손님은 대부분 과학에 흥미가 있는 사람이고 그런 분들은 대개 호기심이 많아서, 일부러 흥미로운 물건을 한가득 진열해 놓았단다. 갖가지 신기한 실험 도구를 보면 호기심 많은 손님들은 무슨 도구인지 묻곤 하는데 그렇게 대화를 하면서 자연스럽게 책방에서 하는 과학실험 워크숍이나 세미나, 독서 모임으로 유도하는 것이 주인장의 작전이었다.

이외에도 시모키타자와에는 작은 책방이 골목 곳곳

에 숨어 있는데 유독 많은 사람이 찾는 가게가 있다. 주변 여러 책방 중에서도 독보적인 존재다. 가게 이름은 'B&B', 'Book & Beer'의 알파벳 앞글자를 따서 상호를 만들었고 이름 그대로 책과 맥주를 함께 판다. 2012년에 이 책방의 개업은 그야말로 문화충격이었다. 책과 함께 술을 판매하다니! 과연 누가 그런 곳에 갈까? 하지만 결과는 완전히 달랐다. 책방은 큰 인기를 얻었고 이런 방식의 복합 문화 공간이 급속도로 퍼져 나갔다. 그러나 'B&B'의 인기는 책방에서 술을 마실 수 있기 때문만은 아니다. 매일 저자 강연 등 이벤트를 한다. 우리나라에서도 이제 이런 문화가 조금씩 더 퍼지고 있지만 대부분 이벤트가 주말에 몰려 있다. 'B&B'에서는 하루도 빠짐없이 이벤트가 열린다. 책방이 크지 않아 예약제로 30명만 참가할 수 있는데 언제나 참여자들이 줄을 선다.

'B&B'의 내부 인테리어는 특이하다. 책이 많지도 않은데 공간이 꽉 찬 느낌이다. 이유는 선반에 책과 함께 다른 상품도 전시해 판매하기 때문이다. 흥미롭게도 이곳에서는 책을 판매하면서 책 속에 등장하는 소품이 있으면 함께 엮어서 판다. 예를 들어 무라카미 하루키 소설에서 어떤 재즈 음악이 언급되었다면 그 곡이 들어 있는 음반을 함께 판매하는 식이다. 단순해 보이는 아이디어지만 판매하는 사람이 그 책을 제대로 읽지 않으면 불가능한 전략이다. 손님들은 그런 점에서 이 가게에 믿음을 가지게 된다. 그뿐만 아니라 책이 진열된 책장과 의자 등 가구도 판매한다. 손님들은 여기에 와서 책만 보는 게 아니라 갖가지 소품과 가구에도 관심을 가진다. 책방 전체가 멋진 쇼룸 역할까지 하는 셈이다.

나는 이렇게 다른 책방은 어떻게들 살고 있는지 관심이 많아서 틈날 때마다 여러 곳을 다니며 주인장들과 이야기를 나눈다. 다들 개성 있는 공간을 꾸며 놓았는데 그 안에는 자그마한 공통점이 있다. 어디든 적지 않은 단점을 적어도 한 가지 이상은 안고 있다는 사실이다. 이들은 대부분 자금 사정이 넉넉하지 않아서 완벽하게 마음에 든 공간에서 시작할 여지가 없었다. 누구든 비슷한 심정일 것이다. 돈만 조금 더 있다면 훨씬 멋지게 만들 수 있을 텐데…… 하지만 전혀 그렇지 않다. 돈이 아무리 많더라도 처음부터 완벽한 곳은 없다. 돈이 많든 적든, 공간이 크든 작든 모든 곳은 장점과 단점이 있기 마련이다. 문제는 그 장단점을 어떻게 활용하면서 책방을 꾸려 나가는가이다. 이 아리송한 문제의 해답을 K 씨도 궁금해하니 바로 이어서 이야기해 보자.

7
{ 어떻게 알려야 할까 }

드디어 모처에 작지만 알찬 책방 한 곳이 생겼다. 한 일주일 정도는 지인들의 축하 방문도 이어지니 바쁘게 지낼지도 모르겠다. 하지만 그런 시간이 지나고 나면 이윽고 파리조차 날지 않는 적막한 책방에 혼자 앉아 있게 된다. 과장된 말같이 들릴지도 모르겠지만 많은 작은 책방 주인장들이 이렇게 고백했다. 사실 이 적막감과 고독, 외로움을 견딜 수 있는 것도 책방을 꾸려 나가기 위한 중요한 마음가짐 중 하나다.

하릴없이 자리에 앉아 있다가 월 임대료를 30일로 나눠 보고 그게 하루에 얼마인지, 그 정도 매출이 나오지 않았다면 채워지지 않은 만큼을 내일 목표 매출분에 더한다. 과연 내일은 그만큼 돈을 벌 수 있을까? 내일도 매출이 없다면 모레는 세 배로 더 많이 벌어야 하는

데……. 온종일 이런 생각을 하면서 앉아 있다가 퇴근 하는 게 일이다.

왜 이런 일이 생기는 것일까? 누구의 잘못도 아니다. 계획은 빈틈없이 세웠고 책방도 예쁘게 꾸몄다. 좋은 책도 많이 갖추고 있다. 누구라도 이곳에 오기만 하면 좋아할 것이다. 오지 않는 게 문제다. 그렇다면 나쁜 건 책방이 아니라 손님이다! 왜 손님들은 이 좋은 책방에 오지 않는 것인가? 이렇게들 심미안이 없단 말인가? 이 제 어느 정도 예상 가능한 일이지만, 우리의 비범한 주 인공 K 씨가 바로 이런 푸념을 끊임없이 늘어놓고 있 다. 문제는 이렇게 멋진 책방을 알아주지 않는 손님 탓 이라며!

K 씨의 책방에 들어섰다. 과연 훌륭하게 잘 꾸며 놓 았다. 하지만 간과한 부분 역시 곳곳에 보인다. 어떤 곳 이든 장점이 있는가 하면 확실하게 드러나는 단점도 있 기 마련이어서 그런 부분에 대해서 이야기를 꺼냈다. K 씨는 어쩔 수 없다는 듯 말했다. 얘기를 들어 보니 여기 저기 단점이 있긴 하지만 장점 또한 많으니, 장점을 크 게 드러내 단점을 덮어 가린다는 게 그의 계획이다.

다 좋다. 그런데 핵주먹으로 세계를 평정했던 마이크 타이슨이 이런 말을 했다는 걸 기억하자. "누구나 그럴 싸한 계획을 가지고 있다. 내 주먹에 한 대 맞기 전까지 는." 타이슨이 실제로 이런 말을 언제 어디서 했는지는 알 길이 없지만 백번 맞는 말이긴 하다. 아무리 촘촘하게 계획을 세웠어도 예상치 못한 펀치 한 방이면 그대로 쓰러질 수 있으니 이제부터 정신 똑바로 차려야 한다. 책방을 시작하기 전이 오로지 이미지트레이닝이었다면 가게 문을 열고 나서는 되돌아갈 수 없는 실전이다.

K 씨는 전략을 조금 수정할 필요가 있다. 장점이 있는 건 좋다. 그렇지만 한정된 시간과 인력으로 어느 쪽에 노력을 기울여야 하느냐를 생각해 봤을 때 이미 있는 장점을 내세워 홍보하는 건 비효율적이다. 장점은 크게 노력하여 알리지 않아도 되니까 반대로 단점에 집중하자. "단점을 장점으로 바꿀 수만 있다면"● 홍보에 더 없이 극적인 효과를 볼 수 있다.

십수 년 전 처음으로 책방을 시작하던 무렵 우리 책방은 몇 가지 큰 단점이 있었다. 첫째, 가게가 지하에 있었다. 그것도 계단을 두 번이나 꺾어서 들어가야 하는 깊은 지하 공간에 세를 얻었다. 둘째, 가게 위치가 지하철역이나 버스 정류장과 너무 멀리 떨어진 골목에 있었다. 가장 가까운 응암역과 역촌역에서 도보로 15분 정도 걸리는 거리였다. 손님들이 이곳을 찾아오려고 지하철역에서 내려서 걷다가 한 10분 정도 지나면 '혹시 이 길이 아닌가?'라는 불안감이 든다고 할 정도로 접근성이 떨어진다. 게다가 걸어 오는 길이 번화한 거리도 아니어서 더 길게 느껴진다. 셋째, 이건 아주 심각한 문제

● 영화 『명량』에서 이순신 장군이 한 말 "만일 그 두려움을 용기로 바꿀 수만 있다면"을 조금 비틀어

인데 간판이 없다. 접근성 떨어지는 동네 골목 지하에 책방이 있는데 설상가상 간판까지 없다니 미친 짓이나 다름없었다. 하지만 어쩌겠는가? 간판을 만들기도 전에 이미 가진 돈을 다 써 버렸으니!

'이상한나라의헌책방'이라는 콘셉트는 바로 이런 단점들을 떠올렸을 때 생각해 낸 것이다. 나는 처음에 '브람스'라는 고상한 이름으로 가게 이름을 지으려고 했다. 하지만 내가 가진 자금으로 구할 수 있는 그 이름에 걸맞는 분위기의 매장은 지상에는 존재하지 않았다. 그래서 며칠 동안 '지하'라는 단어를 떠올리며 아이디어를 뽑았다. 책방이니까 가게 이름은 책을 떠올릴 수 있으면 좋겠다는 게 첫 번째 아이디어였고 곧장 도스토옙스키의 『지하생활자의 수기』와 쥘 베른의 『지구 속 여행』을 떠올렸다. 그런데 지하라는 이미지와 잘 맞긴 했지만 둘 다 너무 무거운 느낌이라서 지하 매장 이미지에 오히려 역효과라는 생각이 들었다. 그리고 마침내 생각해 낸 루이스 캐럴의 『이상한 나라의 앨리스』는 정확히 내가 생각하는 콘셉트와 일치했다. 앨리스가, 말하는 흰 토끼를 따라 굴속으로 떨어지고 그 안에서 겪는 신기한 이야기들! 지하 이미지에 반전을 가져다줄 밝고 명랑한 분위기로 안성맞춤이었다.

다음은 그 콘셉트를 중심으로 단점을 장점으로 만들기 위한 홍보를 시작했다. 지하 매장과 앨리스의 토끼 굴 이야기를 결합했더니 효과는 만점이었다. 꾸준히 홍보했더니 머지않아 '앨리스 책방'으로 소문이 돌았다. 매장까지 들어오는 지하 계단이 많다는 것도 이럴 땐 장점이 됐다. 입구에 닿기까지 조명은 조금 어둡게 하고 벽과 천장에 재미있는 포스터와 사진을 배치해 굴속으로 미끄러져 들어가는 것 같은 분위기를 만들었고 문을 열면 반대로 밝고 아기자기한 소품이 한눈에 보이도록 연출했다. 점점 입소문이 꼬리를 물고 이어져서 나중엔 신문, 잡지 그리고 텔레비전 뉴스에도 소개될 정도로 지하라는 단점이 가장 큰 장점으로 탈바꿈했다.

접근성이 떨어지는 곳에 가게가 있다는 것은 좀처럼 해결하기 어려운 문제였다. 책방에 오기 위해 한참 동안 걸어야 한다는 걸 어떻게 장점으로 만들 수 있을까? 게다가 책방이 있는 건물 앞은 주차할 곳이 없어 자가용을 가지고 오더라도 역시 먼 곳에 주차하고 걸어와야 한다. 찾아오더라도 워낙 찾기 힘든 골목에 있다 보니 손님들은 길을 잃기 십상이었다.

나는 아직도 그 가게를 처음 얻고 가계약했을 때를 똑똑히 기억한다. 가계약은 밤에 했다. 부동산 사장님, 건물주인과 함께 지하 공간을 살펴본 후에 계약서를 쓰기로 했다. 그리고 다음 날, 흥분된 마음이 가라앉기도 전에 다시 그곳에 갔다. 지하라서 밤과 낮의 풍경이 많이 다르지는 않겠지만 어쨌든 해가 떠 있을 때 그곳의 느낌이 어떨지 궁금했다. 하지만 예상치 못한 상황과 맞닥뜨려야 했다. 밤에 갔던 그 길을 낮에 다시 가 보려니 가게가 어디인지 도통 찾을 수 없었다. 절망적이었다. 장차 책방 주인이 될 사람도 가게를 찾을 수 없는데 어떻게 손님이 오기를 기대할 수 있을까?

해결 방법은 의외로 간단한 곳에서 찾았다. 책방을 시작하고 얼마 되지 않았을 때였다. 이렇게 손님이 없는 것도 당연하지, 라고 생각하며 하루하루를 보내고 있을 무렵이었는데 한 손님이 책방 문을 열고 들어왔다. 물어보니 근처에서 30분이나 헤맸다고 한다. 나는 너무나 미안한 마음에 어떤 말을 해야 할까 망설이다가 정말 대단하시다고 칭찬을 했다. 주인장조차 자기 가게를 못 찾을 정도인데 어떻게 찾아오셨냐며 진심을 담아서 칭찬했다.

그랬더니 며칠 후 이 손님이 자신의 블로그에 이날 있었던 일을 포스팅했다. 손님이 혹시 우리 책방을 방문하고 나서 실망한 것은 아닌지 걱정하면서 글을 읽었는데 내용은 대반전이었다. 어렵게 헤매다가 찾은 만큼 멋진 책방 모습에 만족했다는 거다. 구입한 책도 좋았고 주인장도 자기 가게를 못 찾았었다는 이야기를 듣고 무척 뿌듯했다는 말로 글을 마무리했다. 그러면서 글 마지막에 "자신 있는 사람은 이 책방 한번 찾아봐라, 절대 쉽지 않을 것이다. 심지어 간판도 없다"라는 말을 덧

붙여 놓았다. 아래를 보니 이미 댓글이 많이 달렸다. 다들 거기가 어디냐, 나도 찾아가 보고 싶다, 책방 찾기에 도전하고 싶다는 등의 재미있는 의견들이었다. 실제로 그런 도전 의식으로 책방을 방문했던 손님이 적지 않다. 나는 그런 분들을 만날 때마다 칭찬을 아끼지 않는다.

간판이 없다는 것도 나중엔 같은 맥락에서 홍보 수단으로 이용했다. 더구나 가게에 간판이 없다는 사실은 여러 대중매체 기자들에게 많은 호기심을 불러일으켰다. 결국 우리 책방은 나중에 지하에서 2층으로 매장을 옮기기 전까지 8년 동안 간판을 붙이지 않고 영업했다. 책방 시작하고 3~4년 정도 되어 어느 정도 안정기에 접어들자 앞으로도 간판은 없는 것이 더 낫겠다 싶은 생각마저 들었다.

작은 책방을 알리기 위해서는 돈과 인력보다는 시간과 진정성이 필요하다. 애초에 작은 책방과 돈 냄새 나는 홍보는 어울리지 않는다. 작은 책방의 홍보 전략은 찾아온 손님이 스스로 주변에 자연스럽게 알리게끔 유도하는 게 이상적이다. 홍보 비용도 거의 들지 않고 성공 확률도 높다. 전단을 만들거나 인터넷 광고를 할 필요도 없다. 가지고 있는 자원을 최대한 활용하는 방법을 우선 고민한다.

이를테면 책방에 포토존을 만드는 건 어떨까? 주의할 것은 벽에 천사 날개 그림을 그려 놓고 '너의 꿈을 펼

처봐!'라든지 'Fly High!' 같은 문구를 써넣는 일은 피해야 한다는 것이다. 어떤 곳에 가보니 멋진 포토존을 만들고 그 위에 커다랗게 'Photo Zone'이라고 써 놓기도 했는데 절대 그러지 말기를 당부한다. 예쁘게 꾸몄다면 거긴 누가 봐도 포토존이니까. 책방의 특정한 곳을 특별히 예쁘게 해 놓으면 사람들은 거기서 사진을 찍고 그걸 자신의 SNS에 올릴 것이다. 책방 이름까지 태그한다면 자동으로 홍보가 된다. 아주 자연스럽게 보이도록 만드는 게 관건이다. 여기서 사진 찍으라고 지정한 것 같은 장소에서 사람들은 사진을 찍지 않는다.

반대로 책방 내부 촬영을 허용하지 않는 것도 궁금증을 커지게 하여 사람들이 찾아오도록 하는 방법인데(앞에서 말했던 시모키타자와의 '다윈 룸'이 그렇다), 역시 그 방법은 약간 위험하다. 적극적인 홍보를 우선으로 생각한다면 사진 촬영을 허용하자. 하지만 마음대로 사진을 찍게 하는 것보다는 잘 보이는 곳에 '사진을 찍을 때는 주인장에게 먼저 양해를 구해 주세요'라는 문구를 써 놓는 것이 훨씬 효과가 좋다. 지나치게 자유로이 사진을 찍는 사람이 많으면 책방 분위기를 해치고 다른 손님에게 피해를 주는 경우도 있다. 양해를 구하도록 유도하면 자연스럽게 손님과 주인장이 대화하게 되고 사진을 찍어간 사람이 SNS에 긍정적인 포스팅을 올릴 확률도 높다.

책방을 찾아오는 손님 중에는 극도로 소심한 분도 많다. 그런데 좀처럼 친해지기 힘든 이런 분이 단골이 되면 누구 못지않은 충성고객이 된다는 것을 기억해 두자. 이런 분을 위해서 티 나지 않게 사진을 찍을 수 있는 포토존을 만들면 좋다. 주인장이 있는 자리 쪽이 전혀 보이지 않아서 소심한 손님도 마음껏 카메라 셔터를 누를 수 있는 곳을 작정하고 예쁘게 꾸미면 흐뭇한 사진을 SNS 계정에서 발견하는 재미를 누릴 수 있다. 우리 책방의 경우 입구의 유리문을 열고 계단으로 올라와서 뒤를 돌아보면 책들이 공중에 날아다니는 것처럼 꾸며 놓은 곳이 있다. 여기는 덧문이 하나 더 있어서 주인장은 물론 책방 안에 다른 손님이 있어도 들키지 않고 사진을 찍을 수 있는 위치다. 게다가 정사각형 프레임으로 사진을 찍었을 때 예쁘게 나오도록 의도해 꾸민 곳이다. 인스타그램에서 제공하는 기본 사진 프레임이 정사각형이기 때문이다.

책방 주인 혼자 SNS 공식 계정으로 홍보를 하는 데는 한계가 있다. 팔로워 수가 적은 경우 반응도 적으니까 열심히 해도 결과가 나오지 않고 금방 힘이 빠질 수도 있다. 이런 상황을 고려하면 책방을 실제로 운영하기 전부터 전략적으로 SNS나 블로그를 미리 운영하는 것도 좋은 방법이다.

책방을 시작하기로 마음을 굳혔다면 SNS 공식 계정

을 만들고 날마다 일기 쓰듯 책방 개업 일지를 공개적으로 써 보자. 시기는 책방 시작하기 3개월 전쯤이 알맞다. 사전 홍보 기간이 너무 길면 처음에는 관심이 높다가도 조금씩 시들해지기 마련이다. 어떤 곳에 어떤 특징이 있는 책방을 만들 계획이라는 취지의 글과 함께 준비 과정을 꾸준히 찍어 올리면 실제로 개업 전까지 적지 않은 팬을 만들 수도 있다. 또한 준비 과정을 공유하면서 사람들의 반응을 지켜볼 수도 있으니 아무런 공감대 형성 없이 문을 여는 책방에 비하면 시작부터 책방의 기초를 탄탄하게 다지는 효과도 기대할 수 있다.

8
{ **무리한 이벤트는 무리수** }

　요즘엔 좀 줄었지만 예전엔 무슨 가게를 새로 시작하면 그 앞에서 시끄럽게 노래를 틀고 춤을 추어 사람들의 눈길을 끄는 이벤트를 했고 그런 이벤트 전문 회사도 꽤 있었다. 지금은 그런 식의 이벤트가 줄었지만 어쨌든 가게를 알리기 위해서 개업 초반에 어떤 이벤트든 해야 한다는 생각은 크게 달라지지 않은 것 같다. 하지만 작은 책방이 개업 초반에 사람들의 이목을 끌 목적으로 이벤트를 하겠다면 나는 분명히 반대하는 쪽에 서겠다.

　다시 말하지만 책방은, 그중에서도 우리가 만드는 작은 책방은 음식점이나 프랜차이즈 상점과 성격이 다르다. 잠깐 하다가 접을 생각이 아니라면 되도록 한자리에 깊게 뿌리내려 사람들과 함께 좋은 기운을 만들면서 지내는 것이 목적이어야 한다.

그러니 초반에는 이벤트를 지양하고 주변에 신뢰를 쌓는 활동을 먼저 할 것을 권한다. 적지 않은 사람이 내게 어떻게 기획하면 '이상한나라의헌책방'처럼 늘 성공적인 이벤트를 할 수 있냐고 묻는다. 사실 나는 대답할 자격이 없다. 늘 성공하지 않기 때문이다. 망하는 이벤트도 많다. 사람이 하는 일인데 어찌 매번 성공할 수 있겠나? 그럼에도 '이상한나라의헌책방'에서 하는 행사는 대개는 좋은 평가를 받았다. 그 이유는 초창기부터 무리한 이벤트를 하지 않았기 때문이다.

성공적인 이벤트를 하려면 적어도 1~2년 정도 그 지역 공동체 안에서 믿음을 키워야 한다. 이벤트 회사가 아니라 책방이니까 사람들로부터 믿을 수 있는 책방이란 인식을 얻어야 다음 단계로 나갈 수 있다. 생각해 보자. 처음부터 이벤트를 통해 사람들에게 다가서려 한다면 당연히 멋진 모습을 보여야 한다. 작은 공연이나 강연을 준비하더라도 어느 정도 유명인을 섭외해야 사람들이 모일 것이다. 그렇게 해서 초반에 많은 사람이 책방에 모였다고 하자. 결국 그 사람들은 책방을 보러 온 것이 아니라 행사 때문에 방문한 것이다. 나중에 또 비슷한 수준으로 행사를 열지 않는 이상 손님을 계속 모으기는 어렵다.

나는 이벤트 성공 확률은 많이 잡아도 30퍼센트 정도라고 생각한다. 잘 준비해도 결과는 마음대로 내기 어렵다. 프로야구선수도 3할 타자면 좋은 선수로 평가 받는다. 3할이면 열 번 타석에 들어서서 세 번 안타를 치고 나머지 일곱 번은 아웃인데도 우수한 선수로 인정받는 거다. 그러니 매번 성공적인 이벤트를 할 수 있다는 환상은 버리는 게 정신건강에도 좋다.

개업 초반에 이벤트에 치중하지 않고 믿음을 쌓는 일에 집중하는 것은 작은 책방을 좀 더 탄탄하고 오래 유지하는 비결이다. 초반에 멋진 이벤트를 해서 사람을 모으는 데 성공하면 매번 그만큼 노력해서 최고의 성과를 내야 한다는 부담감이 생기지만, 책방 자체에 믿음이 쌓인 상태라면 이벤트 부담이 한결 가벼워진다. 왜냐하면 사람들은 이제 이벤트 내용을 보고 책방에 오는 게 아니라, 그 책방에서 하는 일이라서 참여 신청을 할 것이기 때문이다. 유명 강사나 수준급 연주가 아니더라도 책방의 신뢰를 바탕에 두고 하는 이벤트는 언제나 좋은 평가를 받는다.

그렇다고 해서 신뢰가 있으니 행사를 건성으로 준비해도 된다는 말은 아니다. 그건 오히려 안 하니만 못하다. 매번 진심을 다해 준비하고 철저하게 계획해야 믿음을 준 손님들에게 보답할 수 있음을 잊지 말자. 성공적인 이벤트의 핵심은 철저한 계획이 전부라고 해도 빈말이 아니다. 여기에 덧붙이자면 계획은 한 가지만으론 부족하다. 이게 무슨 말인가 하면, 계획을 잘 짰더라도 결과는 예측할 수 없으니 갖가지 돌발 상황을 고려해서 최소한 두 가지 이상의 대응책을 마련해 두어야 한다는 것이다.

여기서 다시 한번, 야심 차게 책방을 시작했지만 중요한 행사를 망친 K 씨의 책방일지를 잠깐 훔쳐보자. K 씨는 아주 훌륭한 계획을 세웠다. 목표는 책방에서 작은 낭독회를 진행하는 것. 함께 낭독할 첫 번째 책은 주최자인 K 씨가 제시하고 그 책을 다 읽고 나면 참가자의 의견을 반영해서 다음 책을 선정한다는 방식도 만들었다. 참가자가 너무 많으면 분위기가 어수선할 것을 예상해서 최대 인원은 5명으로 제한했다. 첫 번째 책은 K 씨가 좋아하는 작품으로 정했고 일주일에 한 번씩, 모임 시간은 한 시간으로 했다. 한 사람이 한 문단씩 끊어 읽는다면 대략 석 달 정도 소요될 거라는 것까지 예상해 뒀을 만큼 세밀하고 정성 어린 계획이었다.

처음엔 좋았다. 언젠가 재밌게 봤던 일본 애니메이션 주인공이 그랬던 것처럼 한쪽 입꼬리를 쓰윽 올려 의미심장한 미소를 지으며 "좋아, 계획대로다!"라고 외칠 만큼 즐거운 분위기가 한동안 이어졌다. 그런데 K 씨가 고른 작품이 다소 긴 책이어서 도중에 불만이 나오기 시작했다. 첫 책은 그만 읽고 다른 책으로 넘어가는 게 어떠냐는 제안이 들어왔다. K 씨는 책 읽는 것을 워낙 좋아해서 두꺼운 책도 상관없었고 오히려 재미있을 거라 생각했는데 순전히 혼자만의 착각이었던 것이다. 결국 한 달 반 정도 첫 책을 진행한 상태에서 참가자들의 의견을 물어 두 번째 책을 선정하기로 했다. 여기서 다른 문제가 발생했다. 모인 사람마다 읽고 싶은 책이 너무 달라서 다수결로 해결할 수 있는 상황이 아니었다. 그래도 어찌어찌 다음 책을 선정하긴 했는데, 산 넘어 산이요, 그 산 넘으니 호랑이 만난 격으로 책에 대한 호불호 의견이 심하게 갈렸다. 그리고 그것이 낭독회 모임에 결정타를 먹였다. 모임은 몇 개월 더 거의 억지로 이어졌지만 참가자는 계속 줄었고 K 씨는 스트레스로 건강마저 나빠져 중간에 모임을 종료할 수밖에 없었다.

'아, 낭독회를 제대로 준비하려면 책을 더 다양하게 뽑아 놓아야 했구나.'

물론 K 씨는 첫 번째 책을 마치고 나서 다음 읽을 책이 정해지지 않을 경우를 대비해 몇 가지 다른 책을 예비로 준비해 둬야겠다고 생각하고 있었다. 하지만 첫 번째 책이 끝날 즈음 생각해도 늦지 않을 거라고 여유를 부렸다. 그때의 여유가 이렇게 막대한 후회로 남을 줄이야……!

'007' 시리즈 같은 스파이 영화를 보면 중요한 작전일수록 여러 가지 계획을 세워 두는 걸 알 수 있다. 아무리 훌륭한 요원이라도 사람인 이상 실수할 수 있으니 대비를 더 해 결과를 망칠 확률을 최대한 줄이는 것이다. 요원들은 'A플랜', 'B플랜' 등으로 미리 다른 계획을 가지고 있다가 어떤 부분이 어긋나면 즉시 다른 작전으로 전환할 수 있도록 훈련 받는다. 실전이 되는 순간 실수했다고 반성하거나 후회할 여유는 없다. 그런 것은 작전이 모두 끝나고 난 다음에 할 일이다.

너무 심한 예시 아니냐고 묻는다면 절대 아니라고 힘주어 말하겠다. 여러 상황을 붙여 이야기를 한 건 맞지만 이런 일을 실제로 나도 몇 번씩이나 겪었기 때문이다. 이런 경험을 반복하고 난 뒤에야 조금 더 세세한 부분까지 볼 수 있는 눈을 가지게 됐다. 누군가 미리 말해 줬더라면 좋았겠지만 실수를 통해 값진 교훈을 얻었으니 이 또한 얻은 게 아주 없는 행사는 아니다 싶었다.

몇 년 전 가수 홍순관 씨 노래 공연을 준비할 때 일이다. 우리 책방으로서는 상당히 큰 기획이었다. 홍순관 씨는 노래를 하고 그 수익금을 평화박물관 만드는 일에 보태겠다고 했다. 나도 그 일에 동참한다는 심정으로 멋진 공연을 만들고 싶었고 그래서 시작 전에 여러 번 준비 사항을 확인했다. 특히 연주와 노래가 주요 행사 내용이기에 앰프와 스피커, 마이크 등에 더욱 주의를 기울였다.

행사 전날 밤, 홍순관 씨가 미리 보낸 반주 음반을 틀어 보며 마지막으로 전반적인 사항을 살폈다. 그러다 문득 이런 생각이 들었다. 만약 내일 홍순관 씨가 노래

할 때 이 음반이 제대로 작동하지 않으면 어떡하지? 그 야말로 큰일이다. 하지만 몇 번이나 시디플레이어를 작동시켜 봤는데 이상이 없었다. 그래도 만에 하나 행사 당일 기계가 오작동한다면? 지금껏 그런 일이 전혀 없었던 시디플레이어가 하필이면 그날 오작동할 가능성은 낮았지만 나는 결국 퇴근을 늦추고 음반에 있는 음악을 트랙별로 나눠서 파일로 변환해 컴퓨터에 옮겼다.

이제 내가 무슨 말을 하려는지 눈치챘을 것이다. 놀랍게도 행사 당일 실제로 시디플레이어가 오작동했다. 심지어 노래를 부르려고 하는 바로 그 순간에 말이다. 나는 준비해 둔 파일을 컴퓨터에서 재생하여 일생일대의 위기를 모면했다. 그날 관객은 100명이 넘었고 노래와 연주는 두 시간가량 계속될 예정이었다. 가능성이 희박하다고 생각했던 돌발 상황이었지만 미리 대비했기에 행사를 성공리에 마무리할 수 있었고 당시 시디플레이어가 고장 났다는 걸 눈치챈 사람은 아무도 없었다.

마지막으로 K 씨를 위해 이벤트에 대해 짧게 덧붙이고 싶은 것이 두 가지 있다.

첫째, 되도록 책방의 정체성과 비슷한 성격의 행사를 기획하라는 것이다. 그래야 시너지 효과가 커진다. 고양이 전문 책방에서 고양이 사진 예쁘게 찍기 워크숍을 한다거나 미스터리 문학을 주제로 삼은 책방에서 셜록 홈스 마니아 모임을 개최한다면 그 자체만으로도 자연스러운 홍보가 된다. 반대로 책방 정체성과는 전혀 상관없는 행사를 하면 참여자들의 집중도가 떨어질 뿐만 아니라 앞으로 기획할 이벤트에도 좋지 않은 영향을 미치기 마련이다. 반대로 생각해 보면 계속 재미있는 이벤트를 해 나가기 위해선 처음 계획을 할 때부터 개성이 뚜렷한 책방의 모습을 그려 보는 게 중요하다.

둘째, 행사를 마친 다음 후기를 정성껏 작성해서 블로그나 SNS에 포스팅 하라는 것이다. 이건 상당히 중요하다. 제아무리 멋진 행사를 기획해 성공적으로 마쳤다고 하더라도 거기 오지 않은 사람은 그날의 분위기를 알 길이 없다. 후기를 쓰지 않으면 행사에 참여한 사람이 열 명이라고 가정할 때 결국 그 열 명만 행사와 책방의 분위기를 보고 느낀 것이 된다. 그러나 참가하지 않았던 사람도 책방에는 역시 중요하다. 그들도 언젠가 이곳을 방문해서 책을 사고 마음을 나눌 친구가 될 수 있다. 후기를 쓴다는 것은 미래의 단골손님을 위한 배려이기도 하다. 또한 잘 쓴 후기는 다음에 있을 이벤트 공지에 큰 힘을 실어 주기도 한다. 어떤 사람은 그날 행사에는 참가하지 못했지만 후기를 보며 다음엔 꼭 참여하고 싶다고 다짐할 수도 있다. 내 경험에 의하면 행사 공지를 보고 책방에 방문하는 경우보다 후기를 보고 다음번 행사에 관심을 가지게 됐다는 사람들이 더 많았다. 뿌린 대로 거둔다는 말을 믿는다면 후기를 쓰자. 행사 후기는 더없이 좋은 씨앗이 되어 결실을 가져다줄 것이다.

9
{ 혼자서 다 하지 말 것 }

이벤트에 관해 조금 길게 이야기한 이유는 책방을 꾸리는 일 중에서 이벤트가 꽤 큰 부분을 차지하기 때문이다. 책방은 책을 파는 가게라서 밥을 먹는 식당이나 음료 가게와는 시작부터 차이가 날 수밖에 없다. 손님이 와야 책도 팔 텐데 사실 책은 안 읽어도 당장 살아가는 데 아무런 지장이 없기 때문에 일 년에 고작 두어 권 정도만 책을 사는 사람도 얼마든지 있다. 그런데 일 년에 한두 번 정도만 외식을 하거나 커피를 사 마시는 사람은 극히 드물 것이다. 책방에서 사람들을 끌어당기는 매력적인 이벤트를 자주 해야 하는 이유가 여기에 있다.

물론 이벤트 같은 걸 하지 않아도 손님이 많은 책방도 있을 것이다. 이를테면 주인장이 유명 연예인이나 유튜브 스타, 파워블로거인 경우를 생각해 볼 수 있다. 또한 워낙 번화한 곳이라 기본적으로 유동인구가 많다면 사람들을 일부러 모이게 하지 않아도 될지 모르겠다.

어쨌든 그런 경우가 아니라면 계속해서 사람들이 책방에 모일 수 있도록 행사를 자주 해야 한다. 그러나 이렇게 하다 보면 어느 틈엔가 주객이 전도되기도 한다. 과연 책방인지 이벤트장인지 알 수 없을 정도로 이런저런 행사가 많아져서 정작 순수하게 책을 사러 온 손님은 입구에 들어서지도 못하고 발길을 돌려야 한다. 다양한 행사도 좋지만 나는 책방이라는 이름으로 가게를 시작했으면 일단은 책방의 기본 임무가 중심이 되어야 한다고 믿는다. 행사는 거기에서 자연스럽게 가지 쳐서 나오는 식이라야 보기에도 좋다.

또 한 가지 문제점은 행사를 너무 많이, 너무 자주 하다 보면 주인장이 지쳐 버린다는 것이다. 주인장은 모든 행사를 꿰뚫고 있어야 한다. 그러나 혼자서 소소한 일까지 모두 챙기다 보면 실수하기 마련이고 사람이기 때문에 당연히 지친다. 가장 좋은 모델은 주인장이 행사를 주관은 하지만 실행에서는 두어 걸음 빠져 있는 모양이다.

내가 개업 초기부터 이벤트에 집중하지 않았던 이유가 바로 여기에 있다. 책방 살림을 그럭저럭 꾸려 나가면서 동시에 나 자신도 생활이 가능할 정도로 수익을 내려면 업무량이 너무 많아진다는 사실을 깨달았다. 나는 일을 즐기는 성격도 아니고 본디 건강 체질과도 거리가 있기에 필연적으로 과하게 쏟아질 책방 업무를 어떻게 해야 할지 고민에 빠졌다.

아무리 머리를 짜내도 일을 줄이면서 동시에 책방을 안정적으로 유지할 수 있을 것 같지 않았다. 그래서 조금 장기적인 계획을 세우기로 했다. 지금 이렇게 쓰고 보니 뭔가 멋있는 것처럼 보이는데 사실 책방 초창기에는 손님이 거의 없어서 남는 게 시간이었다. 정확히 표현하자면 그냥 멍하니 앉아서 생각만 했다는 얘기다.

누군가는 답답하다며 혀를 차겠지만 3년을 준비 기간으로 정했다. 나는 이 기간에 책방 매출은 적겠지만 씀씀이를 줄이고 앞으로 할 일을 탄탄하게 준비하면 더 알찬 성과를 낼 거라는 믿음이 있었다. 계획은 이랬다. 첫째, 3년 동안 꾸준히 좋은 책을 준비하고 손님들에게 우리 서가에 대한 믿음을 전한다. 둘째, 나는 글쓰기를 좋아하니 틈날 때마다 책방 일기를 쓴다. 3년 후 이것을 책으로 낸다. 셋째, 독서 모임을 이끌어 갈 리더를 발굴한다. 리더는 동네 주민이어야 한다. 넷째, 음악 감상회와 공연 등도 손님 중에서 기획할 수 있는 사람을 찾는다. 최종 목표는 책방에서 하는 각종 행사 기획 및 실행을 전부 다른 사람이 맡고 나는 되도록 책 쓰기와 책방 살림 전반을 살피는 일에 전념하는 것이다.

그로부터 10년이 지난 오늘날, 스스로 평가해 보자면

계획대로 된 것도 있고 안 된 것도 있다. 시행착오도 많이 있었지만 그 덕분에 책방을 시작하려는 분들에게 미약하지만 조언도 해 줄 형편이 되었다. 만약 하는 일마다 잘 풀렸다면 지금보다 풀어낼 말이 적었을 것이다. 스스로 판단하기에 가장 큰 성과라고 할 수 있는 헌책방 독서 모임도 처음부터 이렇게 활발하지는 못했다. 믿고 맡길 수 있는 리더를 찾지 못하면 모임을 시작하지 않겠다는 의지로 책방에 손님이 올 때마다 찬찬히 살펴보고 대화도 하면서 시간을 쌓아 나갔다.

그러다 유독 우리 책방에 자주 들르는 한 청년을 만났고 몇 번 애길 나눠 보니 내가 생각하던 조건과 거의 일치했다. 책방 근처에 살고 영문학을 전공했는데 그 역시 당시 나처럼 시간이 남아돌았다. 얼마 지나지 않아 함께 독서 모임을 기획해서 첫 번째 모임을 진행하게 했다. 기수별로 진행되는 그 모임이 벌써 25기를 넘어섰고 모임에서 다룬 책이 2백 권 가까이 된다.

독서 모임은 책방 주인장이 직접 리더가 되면 모양새가 좋겠지만 길게 보면 그것도 좋은 점만 있는 게 아니다. 모임을 제대로 준비하려면 시간과 노력이 들어가야 하고 그렇게 되면 시간이 부족해 다양한 활동을 할 수 없다는 한계에 부딪힌다. 그래서 믿을 만한 독서 모임 리더가 꼭 필요했다. 지금 독서 모임은 거의 전부 리더의 기획과 운영으로 진행되고 있다. 참여자가 많이 늘어서 분반을 해야 할 정도로 발전했다.

지금도 정기적으로 하고 있는 음악 감상회, 영화 상영회, 라이브 공연, 책 만들기 워크숍 등도 모두 이런 시스템으로 돌아가고 있다. 음악 감상회 같은 경우 지금은 내가 기획에 참여하지 않아도 될 정도다. 책과 곁들여서 LP로 클래식 음악을 듣는 프로그램인데 오랫동안 계절마다 한 번씩 하던 특별 프로그램의 기획 및 실행 대부분을 바흐 음악을 중심으로 모임을 갖고 있는 커뮤니티 운영자에게 맡겼다. 책방은 홍보를 하고 괜찮은 오디오 시스템을 제공한다.

영화 상영회도 방법은 크게 다르지 않다. 영화를 좋아하는 단골손님에게 힘을 실어 주고 조금씩 기획을 달리하면서 재미 요소를 추가하는 식이다. 몇 년 전에는 이런 재미있는 시도를 했다. 책방 손님 중 누구든 여럿이 함께 보고 싶은 영화가 있으면 주인장에게 기획안을 낼 수 있다. 주인장은 그 영화가 책방과 어울릴 것 같으면 일단 수락한다. 그다음이 재미있다. 일정 기간 홍보를 해서 관객이 열 명 이상 모이지 않으면 상영은 취소다. 참여자 열 명이 모여야 영화를 볼 수 있기 때문에 보통은 기획한 사람이 지인을 동원해서라도 관객을 모아온다. 이런 방법으로 참여자를 모으면 행사 당일 전혀 모르는 사람들과 함께 모이는 것과는 또 다른 즐거운 분위기가 연출된다. 게다가 책방 입장에서는 홍보에만 주력하면 되니 기획과 실행에 들어가는 힘을 대폭 줄일 수 있다.

책 만들기 워크숍은 최근에 시작한 새로운 시도다. 우리 가게는 헌책방이어서 가치 있는 책이 망가져서 상품가치가 떨어진 채 입고되는 경우가 종종 있다. 그럴 때 제본 공방과의 협업을 통해 책을 고치고 헌책방은 공방에서 워크숍을 진행할 수 있는 공간을 제공한다. 헌책방과 책을 수리하는 제본 공방은 꽤 어울리는 조합이어서 책방을 더욱 돋보이게 만든다. 현재 제본 공방에서는 헌책을 활용한 다양한 재생 상품도 개발하고 있다.

이상과 같은 운영 방법은 동업보다는 느슨하지만 협업 이상의 끈끈한 유대관계를 중심으로 조금씩 더 앞으로 나아가는 데 상당한 효과가 있다. 나는 이런 시스템이 앞으로 더 확장되어야 한다고 믿는다. 작은 책방일수록 주인장의 업무는 줄이고 곁가지를 넓게 펼치는 방식이 이상적이다.

뒤에서 다시 다룰 이야기인데 여기서 잠깐 언급하자면 작은 책방의 큰 단점 중 하나는 일하는 사람이 부족하다는 것이다. 그래서 핵심 역할을 하는 운영자에게 업무가 과하게 몰리면 틀림없이 탈이 나게 되어 있다. 실제로 너무 열정적으로 일하다가 몸이 상해 가게를 그만둔 분도 있다. 그거야말로 최악의 시나리오다. 다시 한번 말하지만 일중독에 재능이 차고 넘치더라도 제발 혼자서 다 하려고 하지 말길 바란다. 일을 나눌 수 있는 믿음 가는 여러 이웃을 책방 곁에 둔다는 건 그만큼 그 지역에서 점점 깊이 뿌리를 내리고 있다는 확실한 증거이기도 하니까.

10
{ Come and See! }

 이렇듯 치밀하게 준비하고, 철저히 계획하고, 예쁘게 꾸민 작은 책방의 미래는 어떤 모습일까? 누구나 작은 책방을 시작하면서 자신의 미래 모습을 그려 볼 것이다. 만약 5년 후, 10년 후에 이 책방이 어떤 모습이 될지 한 번도 생각해 보지 않은 분이 있다면 이제부터라도 미래를 생각해 보길 바란다.

 작은 책방은 흔히 요즘 독립 책방이라고 부르기도 하는데 기본적으로 거대 자본으로부터 독립했다는 의미도 있지만 그보다는 거대한 사회의 흐름에 휘말리지 않고 자립한다는 의미가 더 어울린다. 곳곳에 생겨난 작은 책방들이 저마다 흔들리지 않는 철학을 가지고 버텨 준다면 책방을 찾는 사람들에게도 그 힘을 나눠 줄 수 있다. 그러면 이 사람들이 또다시 저마다 자신의 주변을 작게라도 변화시켜 나간다. 작은 책방은 작은 변화를 만들지만 이 변화가 쌓이면 처음엔 상상할 수도 없던 큰일을 해낸다. 이것이 크리슈나무르티가 말한 "자기로부터의 혁명"이 아닐까. 나는 이런 모습이 작은 책방의 미래가 되는 꿈을 꾼다.

이렇게 진지한 말을 하고 있는데 K 씨는 또다시 몸을 움찔거리면서 지루하다는 내색을 잘도 보인다. 나는 책상을 손바닥으로 탁탁 두들기며 도대체 지금 무슨 생각을 하고 있느냐고 묻는다. 미래다, 미래. 지금은 작은 책방의 미래에 대해서 생각한 것을 말하는 시간이다. K 씨는 여전히 심드렁한 표정으로 내일 당장 손님이 한 명도 안 올 수도 있는데 무슨 수로 5년 후, 10년 후를 그리느냐고 되물었다. 지금 예상할 수 있는 미래란 당장 며칠 후 이번 달 임대료를 못 내서 곤란해 하는 자신의 모습뿐이라고 말한다. 그는 꿈이니 혁명이니 하는 얘기는 그만두고 책방에 손님이 많이 올 수 있는 방법을 알려 달라고 말한다.

나는 허허 웃으면서 다시 이야기를 풀어 간다. 처음부터 다 생각이 있으니까 이런 얘기부터 시작한 것이다. 마치 적 앞에 무릎을 꿇는 것은 추진력을 얻기 위함이듯이! 그러니까 이제까지 했던 얘기는 서론이다. 책으로 치자면 머리말. 물론 책방에 손님이 많이 와야 일하는 재미도 있고 돈도 번다. 책만 한가득 진열되어 있는 책방에 손님이 없으면 몇 배나 더 적막하고 쓸쓸해 보인다. 그런데 과연 어떤 손님이 많아야 좋을까?

한 달에 손님 백 명이 책방을 찾았다고 가정해 보자. 이를테면 그 손님 백 명이 다 다른 사람인 것과 같은 스무 명이 각각 다섯 번씩 책방에 온 것을 비교하면 어느 쪽이 좋을까? 당연히 같은 손님이 여러 번 온 쪽이 훨씬 좋다. 손님이 오도록 하는 방법을 고민할 때 바로 이것을 가장 처음 고려해야 한다. 예쁜 책방을 만들어 놓고 입소문이 나기 시작하면 손님이 많이 올 수 있다. 하지만 손님이란 존재는 그렇게 단순하지 않다. 책방을 둘러보고 주인장의 진심이 느껴지지 않으면 그저 사진만 찍고 가 버린다. 그리고 다시 오지 않는다.

그러니까 작은 책방은, 아무리 작더라도 그곳을 만들어 운영하는 일꾼의 철학이 전해져야 한다. 이 철학을 어떻게 전할까? 들어오는 손님마다 붙잡고 말로 설명한다면 실격이다. 시민단체 같은 곳에서 운영하는 공간에 가 보면 흔히 입구에 그 단체가 무슨 일을 하고 어떠한 철학을 바탕으로 사업을 하는지 설명하는 소개 책자가 있다. 특별한 목적을 가지고 만든 단체가 아니라면 소개 책자나 전단을 손님에게 보여 줄 필요가 없다. 작은 책방도 마찬가지다. 거기서 일하는 일꾼이 가진 태도와 행동, 말투 등이 큰 역할을 할 수밖에 없다. 그것이 제대로 보이지 않으면 손님을 오게 할 수 없고, 오더라도 나중에 또다시 방문할 마음은 생기지 않는다. 작은 책방의 매력, 그것은 곧 책방에서 일하는 일꾼의 매력과 이어져 있다.

손님의 마음과 발길을 많이 끌어당기고 있는 여러 작은 책방을 방문해 보면 실제로 그 책방의 모습과 함께 일꾼의 매력이 큰 역할을 하고 있다는 걸 분명히 알 수 있다. '이후북스'는 '황부농'과 '상냥이'라는 두 주인장이 운영한다. 책방에 가 보면 두 분이 모두 일하는 모습을 볼 때도 있지만 대개 둘 중 한 분만 자리를 지킨다. 황부농 씨는 한 벌 있는 분홍색 셔츠를 맨날 입고 있다고 해서 그런 별명이 생겼다고 한다. 과연 그렇다! 여기서 이미 상당한 궁금증을 불러일으킨다. 왜 하필이면 분홍색일까? 게다가 늘 쓰고 있는 뾰족한 모양의 비니 모자 때문인지 무표정한 얼굴을 보면서 어쩐지 나무에 매달린 과일 같다는 재미나는 상상도 했다.

그런가 하면 함께 일하는 상냥이 씨는 손님들에게 상냥해서 '상냥이'란다. 정말 본받고 싶을 정도로 상냥한 분이다. 이 두 일꾼은 드러나 보이는 성격도 그렇고 서로 전혀 어울릴 만한 구석이 없어 보이는데 매일 옥신각신하면서도 '이후북스'를 잘 운영하고 있다. 황부농 씨는『굶어 죽지 않으면 다행인 이후북스 책방일기』라는 책을 펴냈는데 우려와는 달리 앞으로도 굶어 죽을 일은 없겠다 싶을 정도로 이 작은 책방엔 손님이 많다. '이후북스'는 그야말로 책방의 외양과 일꾼의 철학 그리고 직접 쓴 책까지 세 가지 요소가 딱 들어맞는다. 그러니까 누구든 이 책방에 가 보면 가게 문을 여는 순간부터 누가 말해 주지 않아도 이곳의 매력에 공감할 것이라는 느낌을 받는다.

미스터리 책을 전문으로 다루는 '미스터리 유니온'은 아주 작은 책방이고 주인장인 유수영 씨 혼자 운영한다. 이 책방은 이름 그대로 갖추고 있는 책이 전부 추리소설이다. 하지만 책방이 워낙 작아서 갖출 수 있는 책에 한계가 있다. 그러면 사람들은 왜 굳이 이곳을 찾아 추리소설을 구입할까? 책 제목만 알면 온라인으로 손쉽게 구입할 수 있고 요즘엔 아침에 결제하면 그날 오후에 책을 배송받을 수 있을 정도로 편리해졌는데 말이다. 나는 이 역시 주인장의 매력이 한몫했다고 믿는다. 문을 열고 책방에 들어서면 내부는 폭이 좁은 대신 제법 길쭉한 공간이다. 그리고 그 끝에 주인장이 웅크리고 앉아 있다. 여기 다녀온 사람들은 한결같이 이 주인장에 대한 인상을 말한다. 일단 외모부터 미스터리한 느낌이다. 고도근시 안경에 마른 체구, 어쩐지 분위기가 에드거 앨런 포의 소설 속 주인공 같다. 이야기를 나눠 보면 더욱더 그렇다. 상당한 미스터리 문학 마니아이고 그에 대한 철학도 확실하다. 추리소설이 그저 재미있기 때문에 읽고 추천하는 정도가 아니라는 강한 믿음이 전해진다. 아마 그 구석 자리에 내가 앉아 있다면 도무지 그런 분위기를 내지 못할 것이다. 주인장은 운영자라기보다 미스터리 유니온과 하나로 연결된, 책장을 넘길 때마다 다음 이야기가 궁금해지는 추리소설 그 자체라는 기분이 든다.

이런 책방이라면 분명히 사람을 끌어들이는 힘이 있다. 한두 번 갔다가 사진만 찍고 오는 게 아니라 다시 방문할 수밖에 없는 매력 때문에 자꾸 그곳에 발을 들이게 되고 조금씩 책방의 분위기는 물론 일꾼이 가진 삶의 태도에도 공감하게 된다. 그곳에선 손님이 책만 사는 것이 아니라 그 이상의 것을 마음에 담아 온다. 이것은 제아무리 첨단 기법으로 중무장한 온라인 쇼핑몰이라고 하더라도 도저히 구현할 수 없는 차원이다. 나는 작은 책방의 중요한 존재 이유가 여기 있다고 본다.

『신약성경』에 보면 이런 일화가 나온다. 예수가 어느 지역에서 큰 인기를 끌고 있을 즈음 예수의 출현을 알게 된 예언자 세례 요한이 그의 제자 둘을 예수에게 보낸다. 두 제자는 예수가 시골 출신이라는 것 외에는 아는 바가 없어서 그가 어떤 사람인지 궁금했다. 이때 예수는 명쾌한 한마디로 그들의 마음을 사로잡는다. "와 보라."Come and See 가서 무엇을 보았는지는 기록이 없으나 그들은 이날부터 즉시 예수의 제자가 되었다. 예수는 별다른 설명 없이 와서 직접 보면 단번에 알 것이라는 강한 확신이 있었던 것이다. 작은 책방을 잘 꾸려 나가려면 갖추고 있는 책 외에도 사람을 끌어당기는 매력을 함께 가지고 있어야 한다. 무엇인지는 생각하기 나름이다. 그곳에서만 구할 수 있는 특별한 기념품이어도 되고 귀여운 개나 고양이 마스코트도 괜찮다. 그러나 가장 중요한 것은 역시 주인장을 비롯한 일꾼의 태도다.

 좋은 책방이 된다는 것은 어떤 의미일까? 작은 책방을 찾는 손님은 단순히 물건(책)을 사려고 그곳에 가는 것이 아니다. 그들은 책방을 책처럼 읽는다. 그러니까 작은 책방은 책 그 자체다. 책은 다양한 의미로 사람들에게 사랑받는다. 재미있어서, 위로가 되어서, 도전하고 싶은 마음을 심어 주어서……. 하지만 모든 책이 좋은 책으로 대접받는 것은 아니다. 이탈로 칼비노가 쓴 『왜 고전을 읽는가』라는 책은 작가가 생각하는 고전의 정의를 밝히는 문장으로 시작한다. "고전이란, 사람들이 보통 '나는 ……를 다시 읽고 있어'라고 말하지 '나는 지금 ……를 읽고 있어'라고는 결코 이야기하지 않는 책이다." 책방도 이 말에 그대로 적용할 수 있다. 좋은 책방은 사람들이 거기 한 번 다녀왔다고 말하는 곳이 아니라 또 다녀왔다는 말을 할 수 있게 만드는 곳이다. 어떤 사람이 그 책방 어떠냐고 물을 때 의미심장한 미소와 함께 "가 보면 알아"라고 말할 수 있는 곳이다. 대단한 가게는 아닐지 몰라도 그런 책방이 오래도록 사랑받는다.

　다시 작은 책방의 미래에 대해 생각해 본다. '시간이 갈수록 손님이 느는 가게' 정도에서 생각이 멈춘다면 절반의 성공일 뿐이다. 작은 책방은 손님을 끌어들여 책을 파는데 그치지 않고 나름의 매력으로 책과 사람을 연결하고, 그곳에 온 사람과 사람을 연결해야 오래 유지될 수 있다. 어떤 미래를 그려야 할지 곰곰 생각해 보길 바란다. 돈을 많이 벌어 가게를 늘리거나 분점을 내는 그림도 멋있겠지만, 작은 공간이지만 그곳을 중심으로 사람과 사람이 느슨하게 엮여 있는 신뢰의 공동체가 되는 것도 더없이 좋다.

III
책방에서 생긴
소중한 인연과 황당한 일과
믿기 힘들 정도로 이상한
손님들에 관하여

재산이 많은 손님은 반드시 비싼 책을 필요로
한다는 말은 널리 인정되는 진리다. 그런 손님이
책방에 처음 들어서면…….

—

오만한 손님과 편견 가득한 책방 주인장의
기 싸움이 벌어지려는 찰나를 명쾌하게 기록한
19세기 한 영국 소설에서

11
{ **책 추천 팁** }

몇 시간째 책방에 손님은커녕 파리 한 마리 날지 않으면 문득 그 원인이 다른 게 아니라 나의 책 선별 안목에 있는 것이 아닐까 하는 자괴감이 들 때가 있다.

세상엔 사람 수만큼이나 많은 책이 있다. 책을 쓰는 사람도 엄청나게 많고 출판사도 많다. 지금 이 순간에도 누군가는 책을 읽고 누군가는 책을 산다. 하지만 또 누군가는 일 년에 한 권도 책을 읽지 않는다. 그들은 문맹도 아니고 외계인 같은 이질적인 존재도 아니다. 더할 나위 없이 평범한 사람이고 책을 안 읽는 사람이 읽는 사람보다 생각이 얕거나 삶의 수준이 낮은 것도 아니다. 오히려 반대의 경우도 얼마든지 있다.

이렇게 알 듯 말 듯 묘한 책의 세계에 야심 차게 발을 들인 K 씨는 한동안 심각한 착각에 빠져 있었다. 자신이 워낙 책을 좋아하다 보니 다른 사람도 보통 그 정도는 책을 즐기며 산다고 믿었던 것이다. 그러니까 자신이 누구보다 책을 잘 알고 있으니 그런 책을 선별해서 책장 가득 진열하면 분명히 모든 사람이, 아니 모두는 아니더라도 책에 애정이 있는 사람이라면 누구라도 좋아할 거라고 자신만만했다.

결과는 예상보다 참담했다. 책방을 시작하기 전 만약을 생각해 어느 정도 예비비로 자금을 남겨 두었던 것이 그나마 다행이었다. 그거라도 없었으면 첫 달부터 수익은커녕 임대료 낼 돈도 부족했을 것이다. K 씨는 다시 한번 새롭게 시작하는 마음으로 자신의 책 선별 기준부터 돌아봐야겠다며 한숨을 내쉬었다.

작은 책방이라는 한정된 공간에 어떤 책을 선별해 갖추면 좋을까? 하루에도 수백 종씩 쏟아지는 많은 책 가운데 어떤 책을 권할 수 있단 말인가? 유행하는 베스트셀러 위주로 선별하는 것은 의미가 없다. 가장 좋은 방법은 책방 주인의 전문 분야를 중심으로 서가를 구성하는 것이다. 고양이나 개처럼 한정된 분야로 범위를 좁힐 수도 있고 동물이라는 범주로 크게 분야를 넓혀서 그 하위분류에 따라서 책장을 구성하는 것도 괜찮다. 이런 경우 동물보호에 관한 책, 동물도감, 동물이 등장하는 소설, 동물 사진집 등으로 생각할 수 있는 분야가 폭넓다. 좀 더 전문적으로 파고드는 것도 나쁘지 않다. 바둑이나 장기, 낚시, 등산, 자전거 등 주인장이 심취해 있는 취미가 있다면 책방과 함께 인터넷 카페를 운영하면서 단골손님을 늘릴 수 있다. 이런 경우 해당 취미에 관심 있는 사람이나 입문자의 방문을 예상할 수 있으니 그에 따른 서비스를 준비하고 이벤트로 연결하는 것도 자연스럽다.

마니악한 주제로 책을 선별하는 것은 대중적이지 않다는 단점이 있는 반면 충성 독자가 될 가능성이 많은 마니아의 욕구를 충족시켜 책방과 손님 사이의 결속력을 높일 수 있다는 장점이 있다. 마니아 문화가 발달한 이웃 나라 일본에는 그런 책방이 꽤 있는데, 이를테면 오컬트 전문 책방이라든지 옛날 잡지 전문 책방, 1970~1980년대 쇼와시대 문화를 주로 다루는 책방 등이 있다.

만약 자신이 어떤 학문 분야의 전공 지식을 갖고 있다면 이것을 활용해서 학술 전문 책방을 꾸미는 것도 한 방법이다. 그렇게 하면 주인장과 책방이 자연스럽게 연결되어 신뢰도가 한층 높아진다. 시인이 운영하는 시집 전문 책방 '위트앤시니컬'이 많은 사람에게 믿음을 주는 것도 이 때문이다. 사회학자 노명우가 연 '니은서점'에는 책방지기의 전공 지식이 엿보이는 사회과학 분야 책들이 주제별로 아주 잘 정리되어 있다. 과학자가 과학 전문 책방을 운영하고 운동선수 출신이 스포츠 관련 책방을 운영한다면 그야말로 시너지 효과가 있다. 나의 경우, 헌책을 주제로 한 책을 몇 권 펴냈는데 그것이 '이상한나라의헌책방'을 꾸리는 데 많은 도움이 됐다. 헌책을 주제로 책을 쓴 작가가 직접 운영하는 헌책방이라 처음 방문하는 손님들도 우리 책방에 어느 정도는 믿음이 있었던 것 같다.

이런 전문 책방을 방문한 손님은 대개 주인장에게 책을 추천받고 싶어 한다. 손님 입장에서는 당연한 일일 수 있지만 사실 잘 모르는 사람에게 책을 추천하기란 쉽지 않다. 책은 음악이나 영화처럼 짧게 끝나는 성질이 아니라 한번 읽기 시작하면 짧게는 며칠, 길게는 몇 달이나 읽어야 하는 거라서 경솔하게 추천하느니 차라리 안 하는 게 낫다. 추천받은 책이 마음에 들지 않으면 다시 그 책방에 가지 않는 손님도 있으니 조심할 일이다.

그래서 손님에게 책을 추천할 때도 전략이 필요하다. '사적인 서점'의 경우 출판 편집자이자 '땡스북스'라는 서점에서 매니저로 일한 경험이 있는 정지혜 씨가 미리 예약한 손님과 일대일로 만나 상담을 통해 알맞은 책을 권해 준다는 콘셉트로 책방을 운영한다. 책방이나 도서관이라고 하면 공공의 장소라는 인식이 있는데 반대로 한 사람에게만 집중한다는 아이디어로 제법 인기를 끌었다. 책을 권해 주는 방식만으로 책방을 운영한 것이다. 이런 경우 주인장은 상당한 집중력과 정신적, 육체적 건강 그리고 끊임없는 책 공부가 뒷받침이 되어야 오랫동안 일할 수 있다.

전문 지식을 가진 주인장이 직접 운영하는 책방이라면 그 지식을 활용해 워크숍이나 독서 모임으로 자연스럽게 손님에게 책을 권하는 것도 좋다. 책방과 그 책방 일꾼 자체에 신뢰도가 높은 경우 '블라인드 박스' 형태로 책을 권하는 곳도 있다. 이건 마치 일식집의 '오마카세'(주방장 특선) 같다. '오마카세'는 무슨 음식이 나올지 알 수 없는 상태에서 주문할 음식을 주방장에게 일임하는 것이다. 요리하는 사람을 완전히 신뢰하지 않고는 쉽게 할 수 없는 주문 방법이다. 지금도 몇몇 책방이 이런 방식을 시도하고 있다. 이 방식은 몇 해 전 일본의 한 책방에서 처음 시작된 것으로 알고 있다. 손님이 달마다 책방에 일정 금액을 결제하면 책방 주인이 그 금액에 맞춰 책을 골라 보내는 것이다. 손님은 결제할 때 어떤 책을 받을지 알 수 없지만 책방 주인장의 안목을 믿고 기꺼이 지갑을 연다.

또 다른 방법은 가장 쉽지만 한편으론 위험부담도 있는 방법이다. 손님이 책을 추천해 달라고 물어오면 그 즉시 몇 마디 대화를 통해서 책방에 있는 책을 추천하는 것이다. 어찌 보면 가장 자연스러운 방법인 것 같지만, 자기가 아무리 책에 대해 해박한 지식을 갖고 있다고 하더라도 엉뚱한 책을 추천하게 되는 경우가 의외로 많으니 주의해야 한다. 책방에 여러 번 다녀간 단골손님이기 때문에 그의 독서 성향을 어느 정도 파악하고 있다는 확신이 있더라도 즉시 어떤 책을 권한다는 건 역시 쉬운 일이 아니다.

내가 겪은 실패담을 예로 든다. 우리 책방에 자주 오는 손님 중에 올 때마다 거의 비슷한 분야의 책만 구입하는 분이 있다. 그분이 구입한 책을 소개하면 대강 이렇다. 사드의 『소돔 120일』, 자허마조흐의 『모피를 입은 비너스』, 아폴리네르의 『일만일천 번의 채찍질』……. 구입한 책으로 미뤄 보아 이분이 어떤 책을 좋아하는지 대강 알 것 같았다. 오히려 취향이 너무나도 분명해 보여서 책을 추천하기에 이보다 쉬운 사람은 없다고 느껴질 정도였다. 책에 나오는 주인공들은 평범한 방식으로는 애정을 느끼지 못하고 서로 때리거나 맞는 관계를 즐기는데 『소돔 120일』 같은 경우 우리나라에서 꽤 오랫동안 출판 금지 도서로 묶여 있기도 했을 정도로 평범하지 않은 책이었다.

이렇게 구입해 간 책 목록을 근거로 나는 이분이 고통, 폭력 등의 인간 심리에 관심이 있을 거란 결론에 도달했다. 그리고 다음에 손님이 다시 방문했을 때 장 주네의 희곡 『하녀들』과 함께 그 작품의 창작 배경이 된 실제 사건을 분석한 레이첼 에드워즈의 『잔혹과 매혹』을 추천했다.

결론을 말하자면 이 추천은 완전히 실패했다. 심지어 손님은 책을 고스란히 다시 가져왔다. 얘기를 들어 보니 그럴 만도 했다. 사실 이분의 책 읽기 취향은 내가 짐작한 것과 거의 비슷했다. 하지만 명확한 기준이 있었다. 그런 사건들이 반드시 가상이어야 한다는 것이다. 『잔혹과 매혹』은 두 하녀가 주인을 극도로 잔인하게 죽인 사건에 관한 책이고 프랑스에서 실제로 일어났던 일이다. 손님은 가상이 아닌 실제 사건을 읽는 것에 대해 강한 거부감을 느꼈던 것인데 내가 그 부분을 전혀 고려하지 않은 게 잘못이었다.

나는 궁극적으로 주인이 손님에게 책을 추천하는 것보다 반대로 손님이 주인장에게 책을 추천하는 관계가 되는 것이 좋다고 본다. 그 책방을 아끼고 사랑하는 손님이 자신의 책 읽기 취향을 먼저 드러내고 그 목록을 이 책방에 방문한 다른 손님에게도 소개하고 싶을 정도라면 책방과 손님의 관계를 넘어 훌륭한 조력자가 생기는 셈이다. 이것은 작은 책방이기 때문에 가능한 일이다.

수많은 책 중에서 어떤 책을 골라낼 것인가 하는 문제는 여전히 어려운 문제지만 혼자가 아니라 여럿의 고민이 더해진다면 그마저도 분명 즐거움이 된다. 그리고 이렇게 선별된 책이 모인 작은 책방은 더 이상 작은 공간이 아니다. 오히려 드넓은 공간에 베스트셀러들이 늘

어서 있는 무미건조한 풍경을 마주칠 때 나는 그 세계가
한없이 작고 초라해 보인다.

12
{ **책 추천 요청, 웃으면서 거절하는 법** }

이미 말했듯이 누군가에게 책을 추천한다는 것은 꽤 위험한 일이다. 상대방의 마음을 잘 살피는 재능이 있어서 그에 맞는 책을 딱 맞게 내놓을 수 있으면 좋으련만, 나는 그런 재능이 없는지 성공담보다 실패담이 수두룩하다. 그래서 생각해 낸 것이 역으로 손님에게 책을 추천받는 아이디어였다.

작은 책방은 어차피 구비하고 있는 책이 많지 않아서 그 안에서 책을 추천하기가 조금 애매하다. 그러니 반대로 손님에게 책을 추천받아 그것을 토대로 서가를 꾸민다는 재미있는 발상이 가능하다. 손 안 대고 코 푼다는 식으로 이해해서는 곤란하다. 이 아이디어의 진짜 목적은 책을 추천한 손님을 책방으로 두 번, 세 번 계속해서 방문하도록 만드는 것이니까. 손님이 주변 사람들에게 이 멋진 경험과 책방을 홍보까지 해 준다면 그건 덤이다.

　구체적으로 어떤 방법을 생각해 볼 수 있을까? 손님이 책을 추천해 달라고 하면 우선 실패 확률이 극히 낮은 책을 언급한다. 최근에 어떤 책을 읽고 괜찮다고 느꼈는지 물어보고 그 책이 속한 분야의 고전 중에서 몇 권을 추천하는 것이다. 이는 대화를 이끌어 내기 위한 준비 과정이다. 이렇게 책 이야기를 이어가는 동안 우리 책방에 꼭 있으면 좋을 것 같은 책을 손님에게서 추천받는다. 몇 권이든 괜찮다. 많을수록 좋다. 그리고 어떤 사람이 무슨 책을 추천했는지 반드시 기록해 둔다.

　추천받은 책을 모두 갖출 수는 없지만 데이터를 충분히 쌓은 다음에는 실제로 그 책 중 몇 권을 책방에 비치한다. 그리고 책을 추천해 준 손님에게 반드시 감사 인사를 전한다. 얼굴을 보고 직접 인사하는 게 좋지만 문자메시지나 이메일을 보내서라도 꼭 감사를 표시한다. 감사 인사를 전한 사람이 열 명이라면 그중에서 한두 명은 언제고 다시 책방에 들러서 실제로 자신이 추천한 책이 비치되어 있는지 확인하고 싶어 한다. 혹은 친구에게라도 그 책방에 가보도록 유도한다. 책을 추천한 당사자든 그 친구든 상관없다. 방문하면 추천해 준 일에 관해 다시 언급하고 가능하다면 또 다른 책을 추천받고 싶다는 뜻을 밝힌다.

시간이 흘러 어느 정도 추천받은 책이 쌓이면 손님에게 추천받아 들여놓은 책을 모아서 따로 책장을 만드는 것도 좋다. 해당 책 밑에 추천한 손님 이름이나 별명을 함께 적어 두면 더욱 효과적이다. 조금 더 아이디어를 더하자면, 추천한 책이 실제로 책방에 입고될 때마다 책방에서 사용할 수 있는 포인트를 적립해 주는 방식은 어떨까? 추천한 책을 다른 손님이 구입했을 때도 마찬가지로 포인트를 적립해 주고, 그것을 책방에서 다른 책을 살 때 사용할 수 있다면 더욱 적극적인 참여를 유도할 수 있다.

손님이 추천하는 책이 이미 책방에 있다면 책의 안쪽에 접착 메모지를 붙여서 추천 이유를 직접 적게 한다. 책방 주인장이나 일꾼이 책에 꼬리표를 달아서 추천 이유를 쓰는 방법은 지금도 널리 사용된다. 아무래도 직업으로 책을 다루는 사람이 직접 읽고 추천하니 더 큰 믿음을 주게 되는 것 같다. 비슷한 맥락에서 나보다 먼저 책을 읽은 사람이 적극적으로 추천사를 남겼다면 역시 큰 신뢰를 줄 수 있을 것이다. 그래서 우리 책방에서는 책을 펼치면 그 안에 여러 사람이 각기 다른 손글씨로 적은 여러 추천의 글이 인터넷 댓글처럼 꼬리에 꼬리를 물고 이어져 나오는 모습을 종종 발견할 수 있다. 한 사람이 아니라 불특정 다수가 추천한 책이라면 믿음은 배가 된다.

이런 식으로 받은 책 추천 쪽지를 버리지 않고 모았다가 해마다 소소하게 시상식을 하면 그것도 재미있는 이벤트가 된다. 가장 많은 책에 추천 글을 쓴 사람, 혹은 많이 팔린 책에 추천 글을 쓴 사람에게 상을 줄 수도 있고, 추천 글이 달랑 하나만 달린 책을 찾아 '외로운 추천'이라는 명목으로도 상을 줄 수 있다. 안 팔리는 책에 추천 글을 쓴 사람에게 상을 주어도 좋다. 생각해 보면 어떤 기준으로든 상을 줄 수 있다. 최대한 많은 손님이 상을 받도록 하고 시상식에 이분들을 모두 초대하면 그야말로 더없이 즐거운 분위기의 책방 연말 파티를 열 수 있을 것이다.

내가 운영하는 가게는 헌책방이라 손님들이 추천하는 책을 바로 주문해서 갖출 수 없다. 그래서 생각해 낸 방법이 만화책이다. 우리 책방에서는 만화책을 판매하지 않는다. 만화책은 손님들이 구입하기보다는 그 자리에서 읽고 가는 일이 많아서 자연스레 시간이 흐를수록 책이 훼손된다. 아무리 헌책방이라고는 하지만 훼손된 책은 인기가 없을뿐더러 판매해도 처음 들여왔을 때의 입고가보다 판매가가 낮아지는 난처함이 있다. 그런 이유로 만화책은 아예 판매하지 않고 한쪽에 비매품으로 비치해 읽고 갈 수 있도록 해 놨는데 의외로 인기가 쏠쏠했다. 처음엔 내가 추천하는 만화책을 주로 갖춰 놨는데 앞서 말한 손님에게 추천받는 방법을 도입하자 반응이 한층 더 좋았다. 나중엔 추천한 손님 이름과 추천 사까지 짤막하게 붙여 두었는데 어떤 손님은 자신이 추천한 만화책을 보러 가라며 지인들에게 우리 책방을 홍보하기까지 했으니 작은 아이디어치고는 상당한 효과를 거둔 셈이다.

'이상한나라의헌책방' 초창기에 시행했던 '순환독서'도 이와 비슷한 의도에서 출발했다. 순환독서란 손님이 자신의 헌책을 가져와서 우리 책방에 위탁하여 판매할 수 있는 방법인데, 책이 팔리면 팔린 금액만큼 포인트로 적립해 준다. 현금을 내주지 않고 포인트로 적립하는 이유는 그것으로 다시 우리 책방에 있는 책을 구매하도록 유도하기 위해서다. 대신 책방은 판매 수수료를 받지 않고 팔린 금액 전체를 포인트로 적립해 준다.

이렇게 하면 책방에 무슨 이득이 있느냐고 물어온 손님이 꽤 있다. 확실히 이득이 있다. 즉시 돈을 벌 수 있는 방법은 아니지만 장기적으로 볼 때 책을 위탁한 손님이 계속 우리 책방에 방문할 테니 수수료를 받는 것보다 훨씬 큰 이득이다. 손님 입장에서는 책이 팔려야 포인트를 받을 수 있으니까 주변 사람들에게 우리 책방을 홍보하게 되니 반사 이익도 적지 않다.

최근에는 우리 책방에서 책을 구입한 다음 그 즉시 휴대전화로 인증사진을 찍고 이를 우리 책방 공식 SNS 계정에 올리는 간단한 아이디어로 좋은 반응을 얻었다.

인증사진이라고 해 봐야 얼굴은 나오지 않고 구입한 책을 들고 있는 손 정도가 나오는 것이라서 사진 찍히는 것에 거부감을 가진 분도 흔쾌히 수락해 주었다. 곰곰 생각해 보니 인증사진이라고 해서 반드시 얼굴이 나와야 할 필요는 없었다. 얼굴을 알리는 것이 아니라 우리 책방에서 어떤 책을 샀는지 그 추억을 공유한다는 취지이기 때문이다.

이게 꽤 인기를 얻어서 지금은 책을 사면 인증사진 촬영을 먼저 요구하는 손님도 있다. 어떤 책을 살지 미리 생각한 후 방문하는 손님은 표지 디자인에 어울리는 옷을 입고 와서 한층 더 돋보이는 사진을 찍기도 한다. 그리고 이 사진이 인스타그램과 페이스북, 트위터 등의 SNS에 올라가면 당사자는 물론 그 손님과 계정이 연결된 주변 분들도 알아봐 주기 때문에 홍보 효과는 몇 배로 늘어난다.

좀 더 재기발랄한 방법도 얼마든지 가능하다. 손님에게 추천받은 책을 일주일 단위로 홍보해서 가장 많은 지지를 얻은 책을 우선해서 책방에 갖춘다거나, 무작위 제비뽑기로 추천받은 책 중 입고할 책을 정해 발표하는 것도 생각해 볼 만하다. 책 관련 강연 이벤트에도 반드시 유명 강사를 초청할 필요가 없다. 가장 많은 책을 추천하거나 책 추천 글을 많이 쓴 손님을 강연자로 섭외해서 살면서 겪은 책 이야기를 들으면 전문 작가의 그것보다 훨씬 생동감 있는 이야기가 나오기도 한다.

나는 여전히 전문 강사보다는 평범한 사람의 이야기를 듣는 것이 훨씬 값진 경험이라고 믿는다. 전문 강사가 할리우드 영화라면 평범한 생활인의 이야기는 생동감 있는 다큐멘터리라고 할까? 우리는 늘 사람들과 어울려 생활하지만 친구나 가족이 아닌 이상 다른 사람에 대해서는 잘 모르기 때문에 함께 모여 이런 이야기를 듣는 경험은 아주 흥미롭다. 손님에게 책을 추천받고 책방에 그들이 자주 오고 싶게 만드는 건 책방 주인인 내가 가진 철학과 관련이 깊다. 사람마다 적당한 거리감이 필요한 시대이긴 하지만 나는 그 거리가 너무 멀지는 않았으면 좋겠다. 인터넷 따위로 간신히 묶여 있는 것도 싫다. 내가 작은 책방을 운영하는 이유는 사람과 책을 연결하고, 책과 책을 연결하고, 결국 그것을 매개로 사람과 사람을 연결하는 그물을 짜고 싶어서다.

그래서 내가 꾸리는 이곳 작은 책방에서는 인터넷으로 책을 팔지 않겠다는 과감한 결단을 내렸다. 요즘엔 온라인 스토어를 만드는 방법이 전과는 비교할 수 없을 만큼 간단해서 작은 책방도 인터넷으로 많은 매출을 올린다. 하지만 나는 앞으로도 그럴 생각이 없다. 인터넷을 통해 돈을 얼마나 더 벌어들일 수 있을지는 모르겠지만 우리 책방의 목적은 온라인 그물이 아니라 사람 그물을 엮는 데 있으니 앞으로도 사람을 엮는 데 더 집중할 것이다.

13
{ 작은 책방의 방해꾼들 }

이상과 같이 나의 화두는 '사람' 그 자체이고 무엇보다 사람과 사람의 만남을 통해서 책방 살림은 더 탄탄해진다고 믿는다. 그러기 위해 내가 집중하는 것은 책방에 온 손님이 되도록 많은 흔적을 남기도록 하는 것이다. 자신의 흔적이 남아 있다면 언제가 될지 몰라도 다시 방문할 가능성이 그만큼 커진다.

그런데 자신의 흔적을 너무 확실하게, 도저히 잊기 힘들 정도로 남기길 원하는 방해꾼이 간혹 있다. 이제부터 소개할 갖가지 유형의 손님은 책방이 아닌 다른 곳에서도 비슷한 모습을 하고 나타나는 존재들이다. 어쩌면 돈 키호테가 그토록 이기고 싶었던 풍차 괴물일지도 모르고 카프카 소설의 문지기일 때도 있다. 지금부터 이 모질고 특별한 존재들을 차례로 만나 보자. 미리 밝혀

두자면 이 모든 일화는 몇 년 전부터 작은 책방을 만들어 운영하는 Y 씨로부터 전해 들은 내용을 최대한 간단히, 하지만 그대로 옮긴 것이다. K 씨는 이 이야기들을 듣더니 전투력이 열 단계는 상승하는 것 같다고 고백했다. 자, 이제 작은 책방을 시작한 이상 누구도 피해 갈 수 없는 역경의 한가운데로 초대한다.

투 머치 토커 'ㄱ' 씨

한마디로 말이 너무 많은 손님입니다. 아시겠지만 말이 많다는 건 적막한 책방에 활기를 줄 수도 있는 것이죠. 그런데 처음엔 재미있게 듣다가도 두세 시간 계속되면 누구든 힘들어요. 자그마치 다섯 시간 동안 꼼짝없이 붙들려서 이야기를 들은 적도 있어요. 하지만 가장 힘든 점은 바로 이겁니다. 가끔은 너무 바빠서 말 상대를 해 줄 수 없을 때도 있을 거잖아요? 그러면 왜 자신이 하는 말을 무시하느냐고 역정을 냅니다. 이제는 'ㄱ' 씨가 책방에 문을 열고 들어서면 어디론가 숨고 싶은 심정입니다. 얘기가 시작되자마자 어서 다른 손님이 들어와서 자연스럽게 대화가 끊어지기를 기다리게 됩니다. 전화를 받는 것처럼 행동해서 그 자리를 벗어나기도 했죠. 가끔은 내 가게에서 왜 이렇게까지 해야 하는지 자괴감이 듭니다.

뭐든 다 해 본 'ㄴ' 씨

자기 말만 주야장천 풀어내는 분도 힘들지만 또 다른 식으로 저를 힘들게 하는 분도 있어요. 솔직히 이 경우가 더 힘듭니다. 책방에 와서 대화를 하는 건 좋다 이겁니다. 이야기가 길어져도 가끔은 즐겁지요. 그런데 'ㄴ' 씨와는 대화가 불가능합니다. 대화라는 건 말을 서로 주거니 받거니 해야 하는 맛이 있잖아요? 그런데 이분은 제가 무슨 말만 하면 자기도 이미 해 봤다고 그럽니다. 제가 책방을 꾸리기 전에 IT 회사에서 일했다고 하면 자기도 해 봤고 그 분야를 아주 잘 안다나요. 아니면 알고 지내는 사람이 그쪽 전문가이니 자기도 전문가라는 식입니다. 결론은 다 해 봤으니 자기 말만 옳다는 거죠. 무슨 얘기를 해도 제가 하는 말은 다 틀리고 자기만 맞습니다. 물론 이런 분은 책도 안 삽니다. 이유는 말 안 해도 아시겠죠? 제가 무슨 책 얘기를 하든지 다 읽어 봤다는 거고, 만약 안 읽은 책이면 자기가 그 작가를 잘 아는 데 이런저런 이유로 흥미가 없다는 겁니다. 책방에 올 때마다 여긴 볼만한 책이 별로 없는데 장사는 되느냐며 예전에 가 본 외국의 책방 이야기를 늘어놓습니다. 프랑스의 무슨 책방, 일본의 무슨 책방, 지금껏 많은 책방을 다녀 봐서 책방에 대해서도 잘 안답니다. 가장 최악이었던 것은 이분이 해외 여행을 갔을 때입니다.

여행지에서 멋진 책방을 발견했는데 저희 책방과는 비교할 수 없을 만큼 멋지다는 말을 하려고 일부러 국제전화를 한 겁니다. 저를 앞에 두고 약 올리는 것이 즐거워 책방에 오는 건 아닐까요?

모든 게 남다른 'ㄷ' 씨

대화하기 어렵기로는 'ㄷ' 씨가 최고일 겁니다. 이분은 어떤 주제로 대화를 하든지 자신은 남들과 다르다고 합니다. 물론 사람마다 개성이 있고 취향도 각각이니 그럴 수 있죠. 하지만 남의 말은 모두 부정하니 도무지 대화를 이어갈 수가 없어요. 저하고 둘이서만 대화하는 거라면 어떻게든 받아 주겠지만 책방 독서 모임에 참여해서 이런 식으로 말하면 모임 분위기가 일순간 싸늘해집니다. 누군가 톨스토이를 좋아한다고 그러면 심드렁한 목소리로 왜 사람들이 톨스토이를 좋아하는지 모르겠다고 합니다. 플로베르, 카프카, 허먼 멜빌, 윌리엄 포크너…… 어떤 작가나 주제가 나와도 다 싫어합니다. 반대로 어떤 작가의 작품이 별로 마음에 들지 않았다는 얘기가 나오면 'ㄷ' 씨는 오랫동안 그 작가를 좋아해 왔다며 그를 싫어하는 사람을 도무지 이해할 수 없다면서 비아냥거립니다. 누군가 벌레로 변신한 그레고르 잠자에게 사과를 던져서 죽게 만든 아버지의 행동을 이해할 수 없다는 말을 하면 자신은 아주 잘 이해할 수 있고 실제로 그런 상황이 닥친다면 자기도 똑같이 할 거라나요. 커다란 청새치와 사투를 벌여 끝내 이겨내는 늙은 어부 이야기에 공감했다는 의견이 나오면 그런 유치한 이야기가 고전으로 인정받는 이유는 독자의 수준이 점점 낮아지기 때문이라고 목소리를 높입니다. 결국 'ㄷ' 씨의 그런 대화 방식 때문에 독서 모임을 이어 나가기 힘든 지경이 됐습니다.

책 도둑 'ㄹ' 씨

책 도둑은 의외로 많을 뿐 아니라 오랜 역사를 지닌 책방 최대의 방해꾼입니다. 어쩌면 책이 처음 존재하던 시절부터 책을 훔치려는 시도는 있었을 겁니다. 책을 훔치는 이유는 워낙 다양해서 굳이 말씀드리지는 않겠습니다. 저는 사실 이유가 어찌 됐든 이들을 이해하고 싶지 않습니다. 책 도둑이라고 하면 흔히 규모가 큰 책방에서 겪는 일이라고 생각하기 십상입니다. 물론 큰 책방에서는 없어지는 책도 더 많겠지만 작은 책방도 도난 사건이 일어나긴 마찬가지입니다. 책 도둑을 미리 알아보기는 어렵고 그저 눈을 크게 뜨고 살펴야 합니다. 정말 안타까운 사실은, 책 도둑 대부분이 우리 책방에 여러 번 다녀간 익숙한 손님이라는 겁니다. 하긴, 많은 범죄가 면식범의 소행이라는 연구 결과도 있으니까요. 우리 책방에 보안카메라나 도난방지 시설이 없는 것을 미리 알고 자연스럽게 책을 훔치는데, 훔치는 방법도 다양해요. 책을 꺼내서 보는 척하다가 다른 손님이 계산하는 틈을 타서 그대로 책방 문을 열고 나가는 건 아주 기본적인 방법입니다. 비싼 책은 몰래 가방 속에 숨기고 다른 저렴한 책을 가져와서 당당한 자세로 계산하는 책 도둑도 있습니다. 그런가 하면 전화가 와서 통화하는 시늉을 하며 그대로 책을 들고 밖으로 나가는 대담한 책 도둑도 있습니다. 주인이 따라나서지 않으면 그대로 책을 들고 도망갑니다. 뭔가 수상한 낌새를 느끼고 따라 나가서 붙잡으면 책방에서 전화통화를 하면 실례가 될 것 같아서 잠시 밖으로 나온 거라며, 왜 사람을 도둑 취급하느냐고 오히려 크게 화를 냅니다. 가장 충격적인 경험은 아이와 함께 와서 아이가 멘 배낭 속에 책을 숨겼던 일입니다. 다행히 이건 제가 미리 눈치채고 제지할 수 있었는데, 책값 얼마를 아껴보자고 아무것도 모르는 아이까지 이용한 것은 정말 오랫동안 마음 한구석을 씁쓸하게 했습니다.

반품과 환불의 달인 'ㅁ' 씨

가장 고약한 방해꾼 중 한 명인 'ㅁ' 씨는 지금껏 여러 번 책을 사 간 뒤에 다시 와서 반품이나 환불을 요청했습니다. 물론 구입한 책에 하자가 있다면 당연히 해줘야지요. 그런데 이분은 아무리 좋게 생각하려고 해도 나쁜 의도가 분명한 것 같습니다. 수법이 꽤 다양합니다. 책을 사 간 다음 며칠 후에 다시 옵니다. 샀던 책과 영수증을 보여주고는 집에 이미 있는 책인 줄 모르고 또 샀다며 환불해 달라고 합니다. 뭐, 책 많은 사람들이라면 흔히 하는 실수지요. 저도 그럴 때가 있으니 이해합니다. 하지만 한두 번도 아니고 계속 반복되면 좀 이상한 것 아닌가요? 책을 사서 다 읽고 난 다음 환불하는 거라고 의심할 수밖에 없습니다. 어떤 때는 더 황당한 이유를 댑니다. 책을 읽어 보니 너무나 재미가 없다며 환불해 달라는 겁니다. 맛없으면 음식값을 받지 않는 식당이 있는 것처럼 책도 그래야 하는 것 아니냐는 논리입니다. 그러면 손님께서는 재미없는 영화를 보면 환불을 요청하냐고 물었더니 책과 영화가 어떻게 같으냐고 화를 냅니다. 음식과 책은 같은 거냐고 반문하니 음식은 몸의 양식이고 책은 마음의 양식이니 같은 거랍니다. 한번은 또 책을 한 권 추천해 달라고 하더군요. 스릴러나 공포소설을 좋아하니 그런 쪽이면 좋겠다며 어릴 때부터 스티븐 킹의 열렬한 팬인데 왜 그 작가를 좋아하게 되었는지 장황한 설명도 덧붙였습니다. 그래서 우리 책방에 있는 책 중에서 공포소설의 고전인 구스타프 마이링크의『골렘』을 추천했습니다. 당시엔 그도 저의 추천을 만족스러워하며 책을 사 갔습니다. 그런데 일주일 정도 지났을까요? 'ㅁ' 씨가 조금 상기된 표정으로 다시 책방에 왔습니다. 또 환불해 달라는 것입니다. 이유를 물었더니 책 내용이 너무나도 무서워 책을 읽은 그날부터 악몽에 시달렸다는 겁니다. 심지어 오늘도 정신과 상담을 받고 오는 길이라고 합니다. 제가 추천한 책 때문에 이리된 것이라며 책값 환불은 물론 정신적인 피해 보상까지 요구했습니다.

책방이 놀이방인 줄 아는 'ㅂ' 씨

책방에서 책만 팔 수는 없지요. 동네 골목에서 오랫동안 장사하다 보면 자주 찾아 주는 단골이 생기기 마련입니다. 단골은 책방의 큰 재산이기도 하죠. 그런데 단골 손님이 책방의 재산이 아니라 짐이 되는 경우도 있습니다. 바로 'ㅂ' 씨 같은 경우입니다. 'ㅂ' 씨는 책방에 자주 옵니다. 오시면 반갑지요. 하지만 지금껏 책을 산 적이 거의 없습니다. 그러면 책방에 와서 뭘 하느냐고요? 글쎄요, 본인은 책방에 거의 들어오지 않습니다. 다만 아이들에게 책방에서 놀고 있으라고 합니다. 아이들에게 물어보면 근처 식당에서 밥을 먹거나 다른 일을 보고 있다고 합니다. 그렇게 몇 시간 동안 아이들을 책방에 있게 합니다. 우리 책방엔 그 아이들이 볼만한 종류의 책이 거의 없는데도 말이죠. 아직 어린 아이들은 온종일 클래식 음악이 흘러나오는 조용한 책방에서 별로할 게 없으니 조금 있으면 나가려고 합니다. 그렇게 그냥 나가면 어쩐지 위험해 보여 제가 늘 놀아 주고 있는형편입니다. 정말 화가 좀 났던 날은 어느 날 아이들이제가 다른 일을 하는 사이에 책을 가지고 놀다가 망가뜨려서 'ㅂ' 씨가 돌아왔을 때 그 사실을 말씀드렸지요. 그랬더니 아이들이 놀다 보면 그럴 수도 있고 어차피 헌책방에 있는 책이야 헌 것이니 좀 망가지면 어떠냐고 합니다. 그러면서 하는 말이 장사하는 사람이 그깟 일로 예민하게 군다나요. 답답한 노릇입니다.

골치 아픈 단골손님 'ㅅ' 씨

책방에 자주 오는 손님일수록 좀 더 예의를 차리면 좋겠습니다. 예의랄 것도 없습니다. 상식선에서 지킬 것은 지켜야 하지 않겠어요? 책방에 자주 들러 친해졌다는 이유로 무례한 요구를 하거나 말도 안 되는 행동을 하는 건 아무리 단골이라고 해도 참기 힘듭니다. 이를 테면 'ㅅ' 씨는 가끔 와서 책을 사는 손님인데 어느 날부터는 책을 전혀 사지 않는 겁니다. 이유인즉슨 아무래도 온라인에서 책을 구입하는 것이 더 저렴하니 자신의 경제 사정으로는 책방에 와서 책을 살 수 없다는 겁니다. 그러고는 진열된 책을 일일이 사진 찍습니다. 촬영해 둔 책을 참고해서 온라인으로 살 거랍니다. 그것까지는 참았습니다. 그런데 하루는 책을 펼쳐 놓고 본문을 한 장 한 장 촬영하고 있는 겁니다. 뭐하냐고 물었더니 어차피 책은 본문만 읽으면 되는데 굳이 돈 주고 살 이유가 없답니다. 결국 그렇게 촬영한다며 무리하게 펼쳤던 책은 책등이 갈라져서 팔 수도 없게 됐어요. 하긴 어떤 손님은 자기는 책방에 자주 오니까 책을 빌려 줄 수 없냐고 합니다. 잠깐 참고만 할 거라 사긴 아깝고 하루 정도만 빌리겠다는 겁니다. 그건 좀 곤란하다고 했더니 태도가 싹 바뀌더라고요. 자주 오는 사람인데 못 믿느냐고, 그러는 거 아니라며 불퉁하게 말합니다. 속으로 외쳤어요. 그러면 이제부터라도 제발 자주 오지 마세요! 자주 오면 뭣 합니까. 책도 거의 안 사잖아요. 여긴 책방이지 당신 친구네 집이 아닙니다!

또 어떤 분은 책을 고르더니 책값을 집에 가서 송금해 주겠다고 합니다. 그건 좀 곤란하고 내일 다시 오시면 구입할 수 있도록 따로 보관해 놓겠다고 하니 화를 냅니다. 그 역시 책방에 자주 오는데 왜 사람을 못 믿느냐는 것입니다. 제가 생각하기에 그분은 책방에도 자주 오겠지만(실은 한 달에 한두 번 들르는 정도지만) 아마 이 동네 대형마트에는 더 자주 갈 겁니다. 그런데 마트 계산대에서도 그런 요구를 할까요? 정말 놀라운 일은 가끔 책방에 처음 온 분도 이렇게 집에 가서 책값을 이체하겠다고 하는 겁니다. 제가 몇 년 전에 실제로 이런 요구를 들어준 적이 있는데요, 결국 그 손님은 책값을 보내지 않았고 그 후로 책방에 다시 오지도 않았습니다, 라고 말한 다음 Y 씨는 한숨을 쉬고 잠시 눈을 감았다.

14
{ 즐거운 기억, 기묘한 인연 }

　물론 작은 책방에 이렇듯 이상하고 기분 나쁜 일만 있는 것은 아니다. 재미있는 일과 즐거운 기억 역시 얼마든지 있다. Y 씨에게 전해 들은 다음 몇 가지 흥미로운 사건들은 분명 작은 책방이기에 경험할 수 있는 선물 같은 일상 중 하나다. 그렇다고 영화 속 한 장면처럼 몹시 감동할 정도는 아니고 익살스러운 시트콤이나 콩트 정도라 하면 되겠다. 내가 들은 여러 가지 일화를 모두 소개하지 못하는 것이 조금 아쉽다. 언젠가 기회가 된다면 이런 소소한 즐거움으로 가득한 이야기만 따로 모아서 길게 풀어놓고 싶다. 책방지기가 작고 낮은 목소리로 조곤조곤 읊조리는 이야기를 미소지으며 듣고 싶은 분들이 있다면 말이다. 또 한 번 Y 씨의 이야기를 그대로 옮긴다.

10년 전에 쓴 방명록

우리 책방은 시작할 때부터 작은 노트를 만들어서 손님들이 거기에 자취를 남길 수 있도록 했습니다. 좀 옛날 방식이긴 하죠. 하지만 책방이니까 아날로그 감성도 조금은 필요하다고 생각했습니다. 손님들이 유치하다고 말하지 않을까 걱정했는데 의외로 많은 분이 방명록에 글을 써 주셨어요. 그중에서 특히 기억에 남는 글이 있습니다. 책방 시작하고 얼마 되지 않았을 때니까 약 10년 전입니다. 지금도 그렇지만 당시에도 이 근처에 사는 청소년들이 책방에 자주 놀러 왔습니다. 하루는 한 여학생이 혼자 와서 책방을 한참 둘러보더니 조용히 방명록에 무언가를 적고 갔습니다. 그 후로 학생은 몇 번 더 왔고 자연스레 저와 대화도 나누게 됐지요. 그 학생은 초등학교 6학년인데 얘기를 들어 보니 이런저런 걱정거리가 많았습니다. 초등학교 6학년이 저렇게 걱정이 많을 나이인가, 하면서 사실 혼자 웃기도 했습니다. 어른인 제가 보기에 그 여학생이 하는 걱정이란 게 아주 심각해 보이진 않았거든요. 중간고사를 잘 볼 수 있을까? 중학교에 가면 잘 적응할 수 있을까? 빨리 커서 돈을 벌고 싶은데 무슨 일을 하면서 돈을 벌 수 있을까? 대개 이런 고민이었습니다. 여하튼 그럼에도 저는 진심을 다해서 학생의 고민을 들어주었습니다. 당시엔 워낙 책방에 손님도 없어서 어린 학생의 고민이라도 천천히 들어주며 공감할 수 있었으니까요. 그렇게 한 일년이 흘렀습니다. 해가 바뀌었으니 학생은 아마도 중학생이 됐겠지요. 그리고 그 학생은 언젠가부터 책방에 모습을 비추지 않았습니다. 어떻게 된 걸까요? 이사라도 갔을까요? 궁금했지만 딱히 연락할 방법도 없어서 그대로 기억에서 사라졌습니다. 그러다가 10년 만에 그 학생이 다시 책방에 왔습니다. 놀랐지만 초등학생 때 얼굴이 여전히 남아 있어서 바로 엊그제 다녀간 것처럼 금세 익숙해졌습니다. 우리는 다시 이런저런 이야기를 나누다가 학생이 예전에 방명록을 썼다는 걸 기억해 냈습니다. 저는 손님이 쓴 방명록을 모두 모아 두기 때문에 다행히 10년 전 방명록도 내놓을 수 있었죠. 자기도 거기에 뭘 썼었는지 기억이 잘 나지 않는다고 했는데 찾아보니 연필로 정성스럽게 쓴 글은 놀랍게도 미래의 자신에게 보내는 짧은 편지였습니다. "너 지금 많이 아파서 병원에 다니고 있지? 힘들지만 참고 이겨내렴. 그리고 언제가 될지 모르지만 죽지 않고 살아서 이 편지를 다시 보게 된다면 오래전 어린 너에게 칭찬해 줘." 책방 주인아저씨에게 말은 못 했지만 그때 학생의 고민은 따로 있었던 것입니다. 많이 아파서 병원 치료를 받고 있었는데 그 어린 나이에 자신이 죽을 수도 있다고 생각했답니다. 하지만 끝내 이겨내길 바랐고 미래의 자신에게 편지를 남겼습니다. 코끝이 아려 오더군요. 10년 만에 책방에 다시 찾아온 학생은 전문대학을 졸업하고 작은 회사에 다니고 있다고 했습니다. 어릴 때 워낙 허약체질이라 잔병치레가 많았는데, 그저 그랬을 뿐 죽을 정도의 병은 아니었다는 사실을 어른이 되어 알았다고 합니다. 겁이 많고 책 읽는 걸 좋아해서 어느 소설 속 주인공처럼 자신이 병에 걸려 죽는다고 걱정한 거지요. 지금은 건강하고 그때 책방에서 나눈 대화를 소중한 추억으로 간직하고 있었다고 합니다. 우리는 한마음으로, 10년 전 초등학생이었던 그 아이를 칭찬해 주었습니다. 그리고 전 벅찬 마음으로 학생이 쓴 방명록 노트를 떼어서 선물로 주었습니다.

헤어진 연인과 찍은 인증샷

우리 책방에는 방명록 말고 손님들이 자취를 남기는 또 한 가지 방법 '헌책방 인증샷'이 있어요. 말 그대로 책방에 와서 책을 사면 기념으로 사진을 찍어서 책방 SNS 계정에 올리는 것입니다. 초창기에는 SNS는 하지 않았고 디지털카메라로 사진을 촬영해 책방 홈페이지 사진 게시판에 올렸습니다. 자신의 모습이 홈페이지에 있으면 아무래도 책방을 더 오랫동안 기억해 줄 것 같았거든요. 역시 예상은 틀리지 않았습니다. 헌책방 인증샷은 꽤 인기가 있었습니다. 하지만 어떤 사건을 계기로 인증샷 찍는 방법을 조금 바꿔야 했습니다. 어느 날한 통의 전화를 받았습니다. 몇 년 전, 사귀는 이와 우리 책방에 와서 인증샷을 찍었는데 그 사진 게시물을 책방 홈페이지에서 삭제해 달라는 부탁이었습니다. 사연은 이렇습니다. 사진의 주인공과 사귄 것이 벌써 오래전 일이고, 이런저런 이유로 그 사람과는 헤어졌고, 그후에 다른 분을 만나 사귀고 있는데 결혼 얘기까지 오가던 차에 뜻하지 않게 문제가 생겼다는 것입니다. 우리 책방에 관심이 있던 지금의 연인이 홈페이지 게시물을 둘러보다 우연히도 자기 애인이 다른 사람과 다정한 모습으로 찍은 사진을 본 것이지요. 꽤 오래전 일이라 이 사진이 우리 책방 홈페이지에 올라 있다는 사실도 잊고 있었는데 바로 그 사진 때문에 오해가 생겨 크게 싸웠다는 사연이었습니다. 결국 서로 이야기가 잘 풀려서 화해는 했답니다. 하긴 그렇죠. 예전에 다른 사람과 사귀었던 것이 무슨 큰 죄는 아니잖아요? 어쨌든 곧바로 사진을 삭제해 드리고 앞으로는 얼굴이 나온 사진은 되도록 찍지 말고 나오더라도 손 정도만 나오게 찍어야겠다고 다짐했습니다. 그런데 의외로 이것이 더 재미있다며 좋은 반응을 얻었습니다. 돌이켜 보면 이런 아이디어의 영감을 준 그 헤어진 연인에게 감사할 따름입니다, 라고 Y 씨는 웃으면서 말했다.

IV

언제까지 이 일을
할 수 있을까?
첫 번째 모험이 끝날 무렵
생겨난 새로운 고민

이제 다 끝났소! 다시 정상적인 생활을
시작할 수 있게 된 거요.

—

자그마치 여덟 번이나 편력 모험을 떠났다가
무사히 돌아온 루카스 요더 씨가 미국의 유명한 작가
제임스 미치너 씨를 통해 전했던 감격스런 첫 마디

15
{ **필연적인 투 잡, 쓰리 잡** }

책방을 해서는 먹고살 수 없다는 게 사실일까요? K
씨는 정말 모를 일이라는 듯 내게 물었다. 알고는 있지
만 다시 확인해 보는 걸까? 아니면 나를 시험하는 걸
까? 아무래도 좀 더 자세히 말해야 할 필요가 있겠다.
솔직히 책방만 해서는 먹고살 수 없다. 책방에서 책을
파는 것만으로는 경제생활에 무리가 있다. 도시에 생
활 터전이 있다고 가정할 때 한 사람이 적어도 한 달에
150~200만 원 정도는 수입이 있어야 최소한 생활이 가
능하다고 본다. 물론 이것은 부양가족을 고려하지 않은
최소 수입이다. 책방에서 책만 팔아서 이 정도 수입이
가능할까? 단연코 불가능하다고 단정하겠다.

책이라는 물건은 정말 이상한 상품이다. 일정한 공간
이 반드시 필요하고 무겁기도 해서 보관하는데도 비용

이 많이 들고 일부 베스트셀러를 제외하면 상품 회전율도 높지 않다. 귀금속처럼 고가도 아니고 잘 팔리지 않으면 그 자체로 심각한 골칫덩이다. 가장 큰 문제는 팔아서 얻을 수 있는 순이익금이 부피나 무게에 비해 너무 적다는 것이다.

도매상에서 책을 받을 수 있는 가격은 소비자에게 판매하는 정가의 70~80퍼센트 정도 수준이다. 도서정가제가 시행되고 있지만 그건 소비자 가격에 대한 정가제이고 도매가격은 오히려 그전보다 조건이 악화되었다. 도서정가제가 시행되면서 할인이 금지되어 도서 판매량이 감소하자 출판사는 매출 규모 유지를 위해 중소규모 책방의 공급률을 인상해 버렸다. 이 때문에 작은 책방은 사실상 도서정가제 이전보다 더욱더 힘든 나날을 보내고 있다.

예를 들면 소비자가격 1만 원짜리 책은 출판사나 도매상으로부터 7천~8천 원에 공급받는다. 이 책이 팔리면 2천~3천 원이 남겠지만 이것이 고스란히 순이익인 것은 아니다. 여기서 책방 임대료, 인건비, 공과금 등의 지출을 제하고 신간을 들이는 비용까지 어느 정도 떼 놔야 한다. 계산이 쉽도록 매출의 20퍼센트가 순이익이라고 가정해 보자(실제론 이보다 적다). 순이익 2백만 원을 남기려면 책을 얼마나 팔아야 할까? 역으로 계산해 보면 총매출이 1천만 원은 되어야 한다. 한 권 팔아서 평균 2천5백 원이 남는다고 했을 때 1천만 원이라는 매출을 올리려면 책을 4천 권 팔아야 한다. 이걸 30일로 나누면 매일 130권 이상 팔아야 한다는 결론이다. 근데 이건 다른 일꾼 없이 혼자 책방을 운영하고, 쉬는 날도 전혀 없이 일했을 때의 계산이다. 혼자 일하는 작은 책방에서 책을 날마다 130권씩 팔 수 있을까? 죽어라 열심히 일하면 가능할까? 하지만 제아무리 열심히 일해도 노력과 책 판매는 별개다. 매일 130권씩 누군가가 책을 사야 한다는 결론인데, 아무리 세일즈에 타고난 재능을 가졌어도 인력이 한두 사람뿐인 작은 책방에서 매일 이 정도 매출을 올리는 건 거의 불가능하다.

그러니 책방에서는 책 판매 이외에 다른 방법도 동원해 수익을 만들어야 할 필요가 있다. 가장 흔히 생각할 수 있는 것이 책방에서 커피 같은 음료를 함께 판매하는 것이다. 아무리 책방 단골이라고 하더라도 매일 와서 책을 구입하지는 않을 것이고 그런 기대를 품는 것도 허황된 일이다. 내가 단골이라고 생각하는 손님의 기준은 한 달에 두 번 정도 꾸준히 방문해서 책을 사는 사람이다. 세상에서 뭐가 가장 좋으냐고 물었을 때 당당하게 "책!"이라고 말할 자신이 있는 나조차도 책방에 매일 가지는 않는다. 하지만 음료는 매일 마신다고 해도 이상하지 않다. 더구나 커피, 홍차 등 마실 거리는 책이라는 물건과 아주 잘 어울린다. 단, 이런 경우 사업자등록을 할 때 카페 영업 허가를 추가로 받아야 하고 과세 조건도 책을 파는 것과는 다르니 시작하기 전에 세무 관계 등을 자세히 따져 봐야 한다.

책방에서 독서 모임이나 워크숍 등 유료 프로그램을 운영하는 방법도 널리 쓰이고 있다. 우리 책방에서도 오래전부터 고전문학 읽기 모임을 해 오고 있다. 독서 모임은 이미 많은 곳에서 하고 있어서 흔한 것이라 생각할 수도 있는데 전혀 그렇지 않다. 특성을 잘 살린 작은 책방에서 하는 독서 모임이라면 그 특성에 맞는 책을, 관심사가 비슷한 사람들과 함께 어울려 읽어볼 수 있기 때문에 저마다 색깔이 다른 편이다. 우리 책방은 외국 소설을 비교적 많이 가지고 있어서 서양문학을 중심으로 독서 모임을 하고 있다. 미스터리문학 전문 책방은 추리소설을 함께 읽는다. 고양이 전문 책방에서는 고양이 관련 책을, 시집 전문 책방은 시 낭송회 등을 하면서 손님을 모은다. 그러니까 무엇보다 특성이 뚜렷한 책방을 만드는 것이 여러모로 이롭다.

여러 가지 작업을 함께 하는 워크숍은 손님을 좀 더 책방에 집중하도록 이끌 수 있다. 우리 가게는 헌책방이기 때문에 책을 수리하는 워크숍을 때때로 진행하고 있는데 책방 수입에 적잖이 도움이 된다. 그리고 워크숍에 참여했던 분들이 그 후로 책방 단골이 되는 일이 많아서 늘 새로운 책 관련 프로그램을 만들기 위해 제본 공방장님과 아이디어 회의를 하고 있다.

책방에서 다른 일을 해서 수익을 올리는 방법 말고도 책방 주인이 책방 일 이외에 투 잡, 쓰리 잡을 갖는 경우도 많다. 나만 하더라도 책방을 운영하면서 한편으로는 지금처럼 글을 쓰며 작가로 활동한다. 나는 여러 사람과 어울려서 하는 일이나 강인한 체력이 필요한 일은 잘 못하지만 어렸을 때부터 글 쓰는 일은 재미있었다. 그러니까 책방에서 일하면서 이렇게 글을 쓰는 게 나에겐 제법 자연스러운 일이다. 무엇보다 책방지기가 작가라고 하면 대체로 사람들에게 좋은 인상을 준다.

서울 동숭로에서 오랫동안 '책방 이음'을 이끌고 있는 조진석 씨는 시민단체 '나와 우리'의 활동가이기도 하다. 실은 활동가로 일하던 중에 책방을 넘겨받아 두 가지 일 모두 하고 있는 것인데, "나와 내 이웃이 더불어 사는 사회를 만든다"는 시민단체의 철학과 책방 운영 방향이 절묘한 조화를 이루어 많은 이들에게 사랑받고 있다. 이곳은 후원자와 자원봉사자도 많아서 책방 살림에 큰 도움이 되고 있으며, 사회적인 이슈를 바탕으로 한 여러 프로그램을 운영해 시민단체와 작은 책방의 멋진 콜라보 모델을 만들어 가고 있다.

우리 가게에서 멀지 않은 곳에 있는 '책방 비엥' 대표는 디자인 일을 함께 한다. 그래서인지 책방에 들어서면 멋지게 꾸며 놓은 책방 디자인에 먼저 반하게 된다.

이 역시 두 가지 일을 동시에 하면서 시너지 효과를 얻는 좋은 예이다. 비엥을 아는 사람은 디자이너인 대표를 먼저 떠올리는데, 디자인 업무로 사무실을 방문하는 것이라도 먼저 '책방 비엥'의 책방 문을 열고 들어가야 안쪽에 있는 사무실로 갈 수 있다. 디자인 의뢰 때문에 이곳을 찾은 사람도 특별한 느낌을 주는 책방 인테리어가 책방 주인장이자 디자이너인 '책방 비엥' 대표의 감각이라는 것을 자연스럽게 상기하며 작업 의뢰 단계부터 왠지 모를 믿음이 생길 것이다.

지금까지 이야기한 것처럼 작은 책방은 그 자체만으로 독립하기에는 분명히 한계가 있으며, 이런 경우 개개인의 재능을 발휘해 다른 일을 함께 하는 것이 책방을 꾸려 나가는 데 큰 도움이 된다. 확실히 책방만 운영하는 것보다는 다른 일을 함께 하면 책방 일에 조급하지 않은 마음으로 임할 수 있는 것 같다.

여기서 내가 강조하고 싶은 점은 세 가지다.

첫째, 자기 책방의 특성과 전혀 무관한 일을 하는 것은 두 일 모두에 도움이 안 된다. 책방을 시작하는 단계에서부터 책 판매 이외에 다른 할 일을 염두에 두고 철저하게 기획해야 하는 이유가 여기에 있다. 주인장의 재능과 책방의 콘셉트 그리고 책방이라는 공간에서 이루어지는 또 다른 일들이 절묘하게 맞아떨어졌을 때 긍정적인 효과를 볼 수 있다.

둘째, 책방에서 책 아닌 다른 물건을 팔고 싶다면 그것은 '가격을 비교할 수 없는 아이템'이어야 한다. 다른 곳에서도 동일한 것을 구할 수 있다거나 공장에서 만들어 내는 제품일 경우 구매자 입장에선 자연스럽게 인터넷 등으로 가격 비교를 할 수밖에 없다. 이렇게 되면 자연히 다른 곳과 가격으로 경쟁해야 하는데 이게 정말 피곤한 일이 될 때가 많다. 그런 이유로 최근에 나는 책방에서 개인의 창작물을 위탁받아 판매해 보고 있다. 만약 책방 주인장이 직접 창작물을 만드는 당사자라면 그 물건을 독점으로 판매할 수 있으니 비교 대상도 없고 더할 나위 없을 것이다. 물론 우리 모두가 그런 재능을 가지고 있지는 않을 테니 책방과 관련된 개성 넘치는 굿즈를 조금 일찍 찾아내고 선별해 판매하는 것도 생각해 볼 만하다.

셋째, 책방 이외의 일이 아무리 수입이 많다고 하더라도 책방을 2순위로 미루면 안 된다. 책방을 하기로 했다면 우선순위는 책방이다. 그것을 바탕으로 다른 일을 만들어 내는 것이 현명한 방법이다. 작은 책방에 오는 손님은 책만 보러 오는 게 아니다. 거기서 일하는 책방지기와 만나서 이야기하고 그가 직접 큐레이션한 책을 소개받는 것이 훨씬 큰 목적이다. 그런데 책방에서 그 일꾼을 거의 볼 수 없다면, 다른 일을 하느라 책방에 거의 나타나지 않는다면 사람들은 그 책방에 믿음을 가질 수 없다.

내 경우를 예로 들자면, 작가로 활동하고 있어서 봄, 가을이면 책과 관련한 여러 이벤트에 초청받는다. 강연이나 북토크, 인터뷰, 방송 출연 섭외도 꽤 있다. 헌책방에서 나오는 수익과 비교하면 이런 일을 하고 받는 사례 액수가 무시하지 못할 만큼 크다. 하지만 내가 작가로 활동하며 강연 같은 이벤트에 초청받을 수 있는 근거는 내가 헌책방 일꾼이기 때문이다. 그래서 나는 아무리 섭외가 많이 들어와도 책방을 너무 오래 비워 두지 않도록 조절한다. 이것은 나 자신과 약속한 규칙인데 한 달에 최대 열 번까지만 이벤트 섭외에 응하는 것이다. 물론 섭외가 들어오는 대로 모두 응한다면 돈은 더 벌 수 있겠지만 책방은 2순위가 돼 버린다. 만약 내가 책방에서 사람들을 만나지 않고 강연만 하러 다닌다면 책방 주인으로서는 점점 신뢰를 잃을 것이다. 사람들이 내 이야기를 듣고 공감하는 이유는 내가 수준 높은 학습으로 무장한 이론가라기보다 책방을 운영하는 실무 노동자이기 때문이다.

돈이 있어야 책방을 운영할 수 있지만 돈이 책방을 찾는 손님과 나누는 관계보다 우선시된다면 무슨 의미가 있을까? 차라리 돈을 많이 벌 수 있는 다른 일을 하는 게 낫다.

16

{ 뭐시 중헌디?
작은 책방 주인장을 위한 길잡이 }

　요즘은 무슨 일을 하든 자꾸만 변하지 않으면 살아남기 힘들다. 이런 시대에 꾸준함이라는 가치를 내세우며 일하면 구시대적인 발상처럼 보일까? 내 생각은 전혀 다르다. 오히려 반대다. 인간은 아주 오래전부터 변하지 않는 가치를 추구해 왔다. 시대가 변해도 여전히 인간은 태어나서 죽을 때까지 변하지 않을 자신만의 철학을 찾기 위해 산다. 그것이 사랑이나 평화일 수도 있고, 어떤 사람에게는 돈, 권력, 명예가 될 수도 있다. 종교나 명상을 통해 더욱 순수한 삶의 의미를 찾으려는 사람도 많다. 놀라운 사실은 지금 열거한 이 모두의 뿌리를 거슬러 올라가 보면 하나같이 그 끝에 책이 있다는 것이다. 놀라운 지식과 비밀스러운 전통은 지금도 여전히 책에서 책으로 전해지고 있다.

이 꾸준함이라는, 태도와 감정의 정교한 어울림은 사람을 끌어들여 어울림의 마당에 참여하게 만드는 묘한 매력이 있다. 사람은 본디 외롭고 쓸쓸한 존재이지만 한편으로 그렇기 때문에 함께 어울려 사는 것에서 행복한 감정을 느끼기도 한다. 지금처럼 워낙 많은 관계의 그물로 얽혀 있는 시대에는 서로 약간의 거리를 두는 것도 필요하지만, 그 거리감은 말 그대로 '약간'이다. 너무 멀어지면 소외감을 느끼고 세상과 단절되었다는 침울한 감정에 빠져든다. 나는 이런 세상에서 나를 구원할 수 있는 철학이 '꾸준함'에서 비롯된다고 믿는다. 꾸준한 위로, 꾸준한 격려, 꾸준한 자기 성찰 그리고 꾸준하게 감싸 안아 주는 따사로운 마음씨. 제아무리 진정성이 있다 해도 꾸준함이 없다면 그저 솜사탕처럼 입안에서 잠깐 자극적인 단맛만 풍기고는 이내 사라지고 말 것이다.

우리 책방에서는 정기적으로 손님들에게 꽤 사랑받는 LP 감상회를 하고 있다. 함께 모여서 아날로그 앰프와 턴테이블로 레코드판에 담긴 음악을 듣는다는 단순한 기획이지만, 앞서 말했듯이 여기엔 묘한 끌림이 있다. 레코드판 위에 난 홈을 따라 가느다란 바늘이 지나가면서 소리를 긁어 내는 아날로그 음악은 컴퓨터 파일이나 콤팩트디스크에 기록된 디지털 음향과는 완전히 다르다. 디지털 음악은 명료하게 잘 들리지만 어딘지 모르게 감정이 단조로운 사람과 대화하는 느낌을 준다. 반면 LP 감상회를 하고 나면 사람들은 마치 라이브음악회에 다녀온 것 같은 느낌을 받았다고 이야기한다. 매우 정확한 표현이다. 아날로그 음악은 일종의 '공간감'을 가지고 있다. 듣는 이가 음악이 연주되는 그 공간에 실제로 함께 있는 기분이 들게 하는 것이다.

사실 이것은 음악뿐 아니라 모든 아날로그 매체에 해당하는 말이다. 그중에서도 나는 언제나 책에 가장 집중한다. 책은 읽는 사람에게 재미 이상의 무언가를 준다. 훌륭한 책은 독자를 활자 속 세계로 미끄러져 들어가게 해 그 안에 참여하도록 이끄는 힘이 있다. 어느 나른한 봄날, 언니가 읽던 책을 곁눈질로 훔쳐보던 앨리스가 토끼굴 속으로 떨어지면서 느꼈던 신기한 감정처럼 말이다.

이처럼 놀라운 힘을 가지고 있는 책을 중심에 둔 사업이 책방이다. 그리고 작은 책방이야말로 꾸준함의 철학을 가장 정확히 실천할 수 있는 공간이다. 굳이 "작은 것이 아름답다"고 주장한 슈마허의 말을 길게 설명하지 않더라도, 시내 중심가에 있는 크고 거대한 서점보다는 골목마다 흩뿌려지듯 숨어 있는 작은 책방에서 더 놀라운 일들이 생겨날 수 있다는 것을 우리는 이미 알고 있다.

하지만 아날로그적인 작은 책방이라고 해서 모두 저

절로 힘을 가지는 건 아니다. 사람들에게 꾸준한 감동을 주는 책방이라야 힘이 생기고 그 힘을 주변에 나눌 수 있다. 작은 책방에서 이런 놀라운 일을 만들기 위해서는 무엇보다 주인장의 역할이 크다. 아무리 좋은 책이 많아도, 놀랄 만큼 멋지게 꾸며 놓아도, 주인장이 먼저 꾸준한 철학을 실천하고 있지 않다면 모든 것은 껍데기에 불과하다. 오랫동안 주변에 아름다운 온기를 나누는 작은 책방 주인장이 되려면 여러 가지 할 일이 있는데, 그중에서 나는 다음 두 가지 노력이 꼭 필요하다고 생각한다.

첫째, 몸과 마음의 건강을 위한 노력이다. 이건 너무도 당연한 거라서 달리 무슨 설명을 덧붙일 수 있을까 싶다. 하지만 내가 만난 많은 작은 책방 주인장들이 일에 집중한 나머지 자기 건강은 잘 못 챙기는 것 같아서 안타까웠다. 사정 얘기를 들어 보면 장사가 안되면 근심 걱정에 못 쉬고 장사가 잘되면 잘되는 대로 바빠서 못 쉰다는 식이다. 어쩔 수 없는 노릇이라고는 하지만 오래 일할 생각이라면 무엇보다 건강을 챙겨야 한다. 결국 사람이 하는 일인데 건강하지 않으면 가게가 잘 풀린들 무슨 의미가 있겠는가?

내가 알고 지내던 분이 운영하던 가게가 딱 그런 운명을 겪고 나서 폐업했다. 책방은 아니었지만 사람 대하는 것 좋아하고 장사 수완이 남달라 그의 가게는 언제나 손님이 북적였다. 그렇게 2년 정도 쉬는 날도 없이 일하더니 갑자기 몸이 아파서 가게 문 열기도 힘든 지경이 된 것이다. 잘되는 가게인지라 그냥 문을 닫을 수도 없어 친구에게 적당한 가격을 받고 넘겨주었는데 몇 개월 지나지 않아 손님이 뚝 끊겼고 결국 장사를 접을 수밖에 없었다.

주인만 바뀌었을 뿐 모든 게 다 예전 그대로였고 물려받은 친구도 예전 주인 못지않게 열심히 일했는데 도대체 뭐가 문제였을까? 어느 날 사람들과 모인 자리에서 그 일의 원인에 대해 가볍게 얘길 나눈 적이 있다. 결론은 단순했다. 주인 빼고 모든 게 다 그대로인 가게가 문 닫게 된 원인은 한 가지일 수밖에 없다. 주인이 바뀌었기 때문이다.

가게는 주인과 마치 하나의 유기체처럼 서로 녹아들어 있어야 한다. 작은 책방도 마찬가지다. 책방 문을 열고 들어오는 사람이 책방의 분위기에 젖지 못하고 주인과 손님 그리고 판매용 책이라는 물건으로 따로논다면 거기서는 아무런 온기가 돌지 않는다. 마치 책방 그 자체인 것 같은 주인장과 눈을 맞추고, 인사를 나누고, 이야기를 나눌 수 있을 때 방문자는 비로소 작은 책방의 분위기에 저절로 스며든다.

그리고 언제 다시 방문하더라도 이곳은 여전할 거라는 믿음은 결국 주인장의 성실에서 비롯된다. 이를 위해 책방지기는 어느 정도 규칙적인 생활을 감내할 준비가 되어 있어야 한다. 되도록 같은 시간에 책방 문을 열고 마감 시간도 지킨다. 정해진 시간에 자신에게 맞는 운동을 하는 것도 권한다. 규칙적으로 식사를 챙기고 운동하는 것만큼 몸과 마음을 건강하게 만드는 것도 없다. 충분히 운동할 여유가 없다면 정해 놓은 시간에 가벼운 산책 정도라도 하는 노력을 해야 한다. 중요한 것은 몸과 정신에 무리가 가지 않는 생활이다.

책방 주인장에게도 생활이 있다. 처음부터 자신의 일상에 맞추어 책방 운영 시간을 정하는 것도 한 방법이다. 다른 가게에 따라서 맞출 필요 없다. 길게 보면 결국 일하는 사람의 리듬에 맞춰 운영하는 것이 무리하는 것보다 더 낫다.

내 경우, 처음에는 무리해서 아침 일찍 문을 열어 저녁까지 운영했지만 남는 게 별로 없었다. 그저 가게니까 당연히 아침에 열고 밤늦게 닫는 거라고 안일하게 생각했다. 몇 년이 지난 후 일하는 사람의 생활 리듬에 맞춰 운영해야 오래갈 수 있다는 사실을 깨달았다. 그래서 지금은 오후 3시에 책방 문을 열어서 밤 10시 정도에 닫는다. 나의 리듬에 맞춘 책방 운영방식이다. 누구든 일하는 사람의 건강을 우선으로 놓고 어떤 식으로든 책방을 꾸려 나가면 된다. 손님이 오지 않을 거라는 걱정은 필요 없다. 정말로 맘에 드는 책방이라면 어디서든 어떻게든 오게 되어 있다. 한밤중에 책방을 운영한다고 해도, 설령 새벽에 열어서 아침에 문을 닫는 책방이라고 해도 책방과 주인장의 철학에 공감하고 그곳에서 진심이 담긴 따스한 기운을 느낀다면 손님은 반드시 온다.

둘째, 공부를 위한 노력이다. 이 역시 일꾼의 건강만큼 중요하다. 책방을 하겠다는 분에게 이유를 물어보면 하나같이 책을 너무나도 좋아하기 때문이라고 말한다. 당연한 말이다. 책을 좋아하지 않는 사람이 책 다루는 일을 하기는 쉽지 않다. 좋아하지 않으면 책만큼 지긋지긋한 물건도 없기 때문이다. 그런 이유로 막상 책방을 시작하고는 일하느라 여유가 없어서 책 공부에서 멀어지는 분을 자주 봤다.

어디 책뿐일까? 어떤 일이든지 꾸준히 공부하지 않으면 오래 지속하기 힘들다. 나는 강연할 때 가끔 이렇게 말한다. 책방을 하면서 책 공부를 하지 않으면 1년 차에는 뭐가 잘못됐는지 모른다. 그런 상태로 2년 차가 되면 손님은 모르지만 자신은 뭐가 잘못인지 알아챈다. 그때도 바로잡지 못하고 3년 차로 접어들면 결국 이 잘못을 자신뿐 아니라 손님까지 알게 된다. 책방 주인이 책을 공부하지 않는다는 걸 책방을 찾는 손님이 느끼기 시작하면 그 책방은 미래가 없다.

전공자처럼 이미 책을 잘 알고 있는 사람들도 더러 있다. 하지만 꾸준히 공부하지 않으면 자기가 알고 있는 그 수준에 계속 머물게 된다. 나는 한번 옷을 사면 오래 입는 편이어서 고쳐야 할 부분이 생기면 수선집에 맡긴다. 한번은 아는 사람 소개로 40년 동안 수선 일을 해왔다는 분이 운영하는 가게에 옷을 맡겼다. 며칠 후 수선이 다 됐다는 연락을 받고 옷을 찾아왔는데 결과물이 실망 그 자체였다. 바느질 솜씨는 더없이 훌륭했지만 내가 맡긴 옷이 40년 전에 유행했을 법한 느낌으로 변해 있었다.

나는 그분이 한때는 훌륭한 솜씨로 두루 인정받았을 거로 확신한다. 하지만 옷에 대한 감각이 터무니없이 과거에 머물러 있는 것은 자신의 실력만 믿고 새로운 시도나 연구를 하지 않았기 때문이 아닐까. 반면에 내가 요즘 단골이 되어 자주 가는 수선집의 주인은 앞서 이야기한 분의 경력에 비하면 절반인 20년 경력이라는데 결과물을 보면 확실히 감각이 다르다. 어느 날은 요즘도 따로 수선 공부를 하시냐고 물은 적이 있다. 이제 연륜이 많이 쌓여 따로 누구에게 배우고 있지는 않지만 20대인 자녀와 그의 친구들에게서 조언을 많이 듣고 새로운 감각을 익히려고 노력한다는 대답을 들었다.

옷 수선에 대한 일화지만 실은 대부분 일이 그렇다. 40년 동안 일해 기본기가 탄탄하다고 해도 계속해서 공부하지 않는 쪽에는 믿음이 가지 않는다. 책이라면 더 말해 무엇 하랴? 도저히 따라잡을 수 없는 속도로 매일 신간이 쏟아져 나오는 세상이다. 계속해서 사람들의 신뢰를 얻기 위해서는 언제나 책 공부에 많은 투자를 해야 한다.

꾸준함이란 거저 얻어지는 게 아니다. 자신이 제대로 느끼지 못한다고 해도 손님은 틀림없이 안다. 이 책방이 어떤 철학을 담고 있는지, 그것이 믿음직스러운 것인지, 문을 열고 들어오는 순간 단박에 느낀다. 이렇게 책방에 나를 녹여 가며 일한다고 말하면 너무 고생이지 않으냐고 되묻는 분들이 있다. 물론 그럴 때도 있다. 하지만 작은 책방을 꾸린다는 것은 그만큼, 아니 그 고생을 다 덮을 만큼 큰 가치가 있다는 말을 꼭 해 두고 싶다.

17

{ **작은 책방을 바라보는
오만과 편견에 맞서는 나날** }

작은 책방은 아름다운 가치와 무한한 가능성을 지니고 있지만 그럼에도 작다고, 돈벌이가 안 된다고, 여러모로 무시당할 때가 있다. 안타까운 현실이다. 책방은 그저 책이라는 물건을 파는 곳 이상의 의미가 있다. 무시는 그것을 이해하지 못해서 생기는 오해다.

우리는 정면만 보도록 눈 옆에 가리개를 붙이고 달리는 경주마처럼 앞만 향해 달릴 필요가 없다. 고개를 돌려 사방을 둘러보자. 경주장 문을 박차고 뛰어 나가면 그 너머엔 지금껏 상상조차 할 수 없었던 드넓은 초록 들판이 기다리고 있다. 그러나 자유로운 들판의 존재를 모른 척 애써 부정하려는 사람들도 있다. 역사를 돌이켜 보면 언제나 그런 순간이 있었고 그럴 때마다 진실을 알리는 역할을 한 것이 책이었다. 다른 무엇도 아닌 책이다.

하지만 언젠가부터 책은 더욱 강력한 상대를 맞이해 싸우고 있다. 바로 '시간'과 '여유'다. 정확히 알 수 없는 어떤 시점부터 사람들은 돈으로 시간과 여유를 사는 것에 익숙해져 버렸다. 미하엘 엔데의 소설『모모』는 정확히 이 지점을 꼬집어 말한다. 시간 저축 은행에 여유를 저당 잡히고 나서 우리가 얻은 것은 무엇인가? 소설 속 회색 신사들은 자꾸만 무언가를 얻을 수 있다고 강조하지만 그렇게 해서 얻는 것은 무언가를 얻을 수 있다는 환상뿐이고 실제로 시간 저축 은행에 시간을 맡긴 사람들은 모든 걸 잃게 된다. 미하엘 엔데는 이미 1970년대에 우리가 처해 있는 이 충격적인 현실을 주인공 '모모'의 입을 빌려 폭로했다. 그런데 이 외침을 듣고도 경주장을 뛰쳐나가는 이들은 많지 않은 것 같다. 오히려 현대사회는 그들이 한가롭게 초원에서 풀이나 뜯고 있다며 고발하고 자유를 선택하는 모험을 어리석다며 비웃는다.

정말로 책방에서 일하다 보면 손님들로부터 그런 얘기를 자주 듣는다. 젊은 사람이 책방을 하는 걸 보니 분명히 돈을 많이 벌어 놨거나 건물 주인일 거라는 말을 들으면 답답하다가도 한편으론 그 정도 생각밖에 못 하고 사는 모습이 측은하게 여겨지기도 한다.

더 큰 문제는 책을 읽는 행위조차 비난당할 때가 종종

있다는 사실이다. 설마 그럴까 싶을 것이다. 어릴 때부터 책은 우리의 친구이며 평생토록 가까이 해야 한다고 교육받지만 실상은 전혀 다르다. 여기서 말하는 책은 지극히 범위가 좁다. 학습(성적)에 도움이 되는 것, 돈 잘 버는 법이나 남보다 앞서가는 방법 등 궁극적으로 경쟁 사회에서 살아남아 이긴다는 목적에 맞는 책이 아니라면 철저하게 외면당하고 있다.

나는 자가용이 없어서 강연하러 갈 때 언제나 대중교통을 이용한다. 한번은 지하철을 타고 가면서 책을 읽고 있는데 옆에 앉은 어르신이 무슨 책이냐고 물었다. 그렇게 물어 오기 전에, 요즘 젊은 사람들은 지하철에서 스마트폰 보느라 정신이 팔려서 책을 안 읽는다며 혼잣말처럼 한 2~3분 정도 넋두리를 늘어놓으셨다. 젊은 이들이 책을 안 읽는 게 못마땅했는데 마침 옆에 앉은 젊은 사람이 책을 읽고 있으니 내심 흐뭇하셨던 모양이다. 그런데 내가 소설책을 읽는다고 대답했더니 대뜸 화를 내는 거였다. 지금이 어떤 세상인데 젊은 사람이 한가롭게 소설 따위나 보고 있느냐며 호통을 치는 게 아닌가. 훈계는 꽤 오래 이어졌다. 열심히, 치열하게 살며 돈을 많이 벌어 둬야 할 젊은이가 한가롭게 소설이나 읽고 있으니 나라가 이 모양이라는 말로 결론 내렸다. 그러면서 자신은 젊었을 때 항상 새벽에 일어나 직장에 갔고 밤늦게까지 일해서 책을 읽는 건 꿈도 안 꿨다고 했다. 나는 이 일화를 학생 대상의 강연 때 자주 이야기하곤 한다. 젊을 때 책을 읽지 않으면 늙어서 꽉 막힌 사람이 되니 열심히 책을 읽으라고 권한다.

학원 수업을 빼먹고 우리 책방에 놀러 왔던 어느 학생이 겪었던 일은 몇 년이 지났지만 생각할수록 마음 아프다. 학생이 책방에 도착하고 얼마 지나지 않아 휴대전화 벨소리가 울렸다. 전화기 너머로 큰소리가 흘러나왔다. 책방이 워낙 조용하다 보니 그 화난 목소리가 더욱 크고 사납게 들렸다. 상대는 학생의 부모인 듯했다. 아마 학원에 있을 시간에 학원에 나타나지 않고 대체 어디 있느냐며 캐묻는 것 같았다. 학생은 잔뜩 주눅이 들어서 말도 제대로 잇지 못하다가 결국 책방에 들러서 책을 읽고 있다고 사실대로 말했다. 휴대폰 너머의 화난 목소리가 이 말에 더욱 흥분해서 소리쳤다. "지금 공부를 해야지! 네가 책이나 읽을 시간이 있어?"라는 고함이 내 자리에서도 똑똑히 들렸다. 나는 순간 길거리에서 채찍질을 당하고 있는 말을 만난 니체처럼● 온몸에서 기운이 빠져나가는 느낌이 들었다.

상황이 이렇다 보니 책을 읽고 있다고 하면 생활이 넉넉해 걱정거리도 없고 한가하기 때문이라고 지레짐작하는 것 같다. 책이 그런 대접을 받는 데는 이유가 있다. 현대인이라면 마땅히 풍요로운 미래를 위해 저당 잡혀야 할 '시간'과 '여유'를 책을 읽으며 탕진하고 있다고

● 1889년 이탈리아 토리노의 한 거리에서 니체는 채찍질 당하던 말의 목을 끌어안고 통곡했다.

생각되는 세상이기 때문이다.

심지어 작은 책방을 운영한다고 말하면, 사람들이 인생을 탕진하도록 부추기는 숙주쯤으로 생각하는 분까지 더러 있다. 가끔은 책을 좋아한다는 분 중에도 대단히 희한한 자기 철학에 빠져 있는 경우가 있다. 이를테면, '미니멀라이프'를 신봉하는 한 손님은 다음과 같은 이야기를 들려주었다. 이분은 원래 종교가 없었는데 법정 스님의 『무소유』를 읽고 감명 받아 불교 신자가 되었다고 한다. 그러면서 사람들이 무언가를 자꾸 소유하려는 욕심 때문에 세상이 망가지고 있다는 확신을 가지게 되어 자신은 생활에 필요한 최소한의 것만 남기고 모두 처분했다고 말했다. 끝까지 놓지 못하던 게 책인데 이마저도 최근에 다 없애 버렸단다. 보고 싶은 책이 있으면 언제나 도서관에서 빌려 보면 되고, 동네 도서관에 찾는 책이 없으면 더 큰 곳으로 가서 보고, 신간 같은 경우 대형 서점에서 읽고 오면 그만이라며 굳이 책을 구입해서 자기 소유로 만들 필요가 없다고 주장했다. 좀 무리가 있어도 여기까진 그렇게 생각할 수도 있겠거니 고개를 끄덕였다.

그런데 그러면서 덧붙이는 말이 요즘 동네마다 예쁘게 꾸며 놓은 작은 책방이 많이 생겨서 몹시 못마땅하단다. 소유욕을 부추긴다는 게 이유다. 책을 소유하려는 마음은 교양과 지식을 자기 것으로 붙잡아 두려는 욕심에 불과한데 세상 모든 것은 결국엔 붙잡을 수 없으니 도서관처럼 많은 사람과 함께 공유해야 옳다는 주장이다. 그런 얘기를 들으면서 딱히 반론하거나 논쟁을 벌이지는 않았지만 그분이 가고 나서 혼자 이런 생각을 했다. '그런 말을 왜 굳이 책방에 와서 하는 걸까? 요즘 우리 책방에 손님이 없는 건 다 저분 때문일 거야.'

책방이라면 규모가 큰 한두 곳만 남겨 두고 모두 문을 닫아도 괜찮다고 말하는 분도 있다. 얘기를 들어 보면 그렇게 주장하는 쪽 역시 자신만의 확고한 논리가 있다. 그는 책방 말고도 규모가 작은 가게는 아예 불필요하다고 주장한다. 대량생산, 대량소비 사회에 작은 가게는 애초에 낭만적인 접근법으로 사업을 하려 하니 틀려먹은 것이라나. 그리고 작은 책방은 가 봤자 항상 원하는 책을 살 수 있도록 모두 갖춰 놓지도 못했고, 그렇다고 매번 찾는 책이 있는지 연락해 보고 가는 것도 에너지 낭비이니 효율성이 떨어진다고 말한다. 대형마트처럼 최대한 많은 책을 갖춰 놓은 큰 서점에서 마음껏 고를 수 있도록 하는 게 여러모로 경제적이라는 얘기다. 만약 그 대형서점에도 책이 없다면 온라인으로 주문하면 배송도 금방이니 굳이 작은 책방에 갈 이유가 없다는 건데, 내가 볼 때 이건 애초에 생각의 출발부터가 잘못됐다.

자기가 원하는 책만 골라서 책을 읽는 건 입맛에 맞

는 것만 골라 먹는 편식과 다를 바 없다. 책 읽기의 가장 큰 즐거움은 길 잃기에 있다. 처음에는 관심이 생긴 주제에 빠져들었다가 우연히 이런저런 다른 책을 만나고 그러다 그 속에서 길을 잃어 본 사람은 안다. 그렇게 잃어버린 길에서 발견하는 것이 혼돈이 아니라 우주의 질서라는 사실을. 인간을 발전시킨 수많은 발견은 대부분 누군가가 샛길로 빠진 덕분에 얻을 수 있었다는 사실을 우리는 잘 알고 있다. 원하는 책'만' 읽고 거기서 익힌 것'만'으로 살아가는 사람에게 우주는 보이지 않는다. 그저 주변을 맴돌았던 자신의 발자국만 겨우 보게 될 뿐이다. 그러니 작은 책방은 지금 우리가 걷고 있는 그 길만이 유일한 길이 아니라고 말해 주는 역할을 한다.

같은 의미에서, 지금과 같은 자유경쟁 자본주의 사회에서는 작은 가게가 사라지는 것이 어쩔 수 없는 흐름이라는 주장도 있다. 30년 이상 운영된 한 작은 책방이 결국 가게를 접거나 다른 사람에게 넘어갔다는 인터넷 기사 아래 적지 않은 사람들이 댓글을 달아 놓았다. 지금까지 그런 일은 반복됐고 작은 책방 역시 그것을 거스르지는 못할 것이다, 오히려 자연스러운 현상이니 아쉬워하지 말라는 냉정한 댓글들을 읽으면서 마음이 불편했다.

읽어 보면 하나같이 틀린 말이 아니다. 초고속 인터넷망을 기반으로 집에서 편하게 앉아 VOD 영화를 시청

할 수 있는 시대가 되어 그 많던 비디오 대여점이 문을 닫았다. 예전엔 동네마다 꼭 있었던 쌀집은 어떤가? 쓱 주문하면 쓱 배송해 준다는 광고가 말해 주듯이 편하게 배달해 주고 쌀도 종류별로 다양하게 구색을 갖춰 놓은 큰 마트가 생기고부터는 대부분 마트에서 쌀을 사 먹는 통에 동네 쌀집은 거의 사라졌다.

책도 똑같다. 어떤 책이든 온라인으로 주문하면 하루나 이틀 만에 편하게 받아 볼 수 있다. 일정 금액 이상 책을 사면 사은품으로 여러 가지 굿즈도 받을 수 있고 요즘엔 가격 할인 대신 차곡차곡 쌓이는 포인트를 모아 현금처럼 사용할 수도 있다. 이런 시대에 왜 굳이 작은 책방에 가서 책을 사야 하나? 그러니 작은 책방도 몇 년 유행하다가 사라질 운명이라고 그저 받아들여야 할까?

댓글을 쓴 아마추어 경제학자들을 비난할 생각은 없다. 하지만 작은 책방은 유행이 아니라 현상이다. 지금 이 사회가 절실히 필요로 하는 가치들을 품을 수 있는 형태로, 작은 책방은 조금씩 움트고 있다. 이것이 유행과는 다른 지점이다. 작은 책방이 한순간 많이 생겨났다가 이런저런 이유로 어떤 곳은 문을 닫을 수도 있다. 그러나 나는 이러한 오해와 갖가지 편견 속에서도 작은 책방이 결국 우리가 살고 있는 이곳을 아름답고 풍요롭게 만드는 토대로 작용할 것이라고 굳게 믿는다. 오랜 시간이 지난 다음, 누군가는 이 현상을 혁명이라고 부를 것이다. 거창한 혁명이 아니다. 겨울을 이겨내고 끝내 작은 싹을 틔우려는 여린 꽃씨의 안간힘이어도 좋다. 세상에 그만큼 아름답고도 혁명적인 일이 또 어디 있겠는가?

18
{ 다시 한번, 책 속엔 길이 없다 }

「목마와 숙녀」라는 작품으로 잘 알려진 박인환 시인은 서울 종로에서 '마리서사'라는 작은 책방을 운영했다. 당시 그곳엔 여러 작가들이 드나들며 교류했고 김수영 시인도 그중 한 명이었다. 김수영 시인은 박인환 시인의 작품이 너무 가볍다는 이유로 못마땅하게 여겼다. 김수영 시인은 급기야 갑작스레 세상을 떠난 박인환 시인의 장례식에도 일부러 가지 않았을 정도로 그의 예술 세계와 추종자들까지 전부 싫어했는데, 그럼에도 2년 남짓 짧게 운영했던 마리서사와 박인환 시인의 연결고리만큼은 중요하게 여겼다.

그것은 김수영 시인이 마리서사라는 작은 책방에서 뿜어져 나오는 놀라운 현상을 포착했기 때문이 아닐까? 마리서사가 있던 시기는 우리나라가 사회적, 정치적으로 무척 혼란스럽던 때였다. 예술가들도 좌익, 우익으로 나뉘어 활동했는데 그 책방에서만큼은 모두 사심 없이 모일 수 있었다. 모이면 새로운 예술이 태어났고 예술이야말로 세상을 변화시킬 수 있는 힘이 있다는 걸 알았다. 마리서사가 문을 닫고 박인환 시인이 생을 달리한 다음, 김수영 시인은 「마리서사」라는 짧은 글에서 "우리는 아직도 문학 이전에 있다"라는 마지막 말로 여러 감정을 그러모아 작은 책방 마리서사에 대한 회상을 정리한다.

작은 책방을 해서 먹고살 수 있는가? 거기서 무슨 의미 있는 일이 일어날 수 있는가? 하고 여전히 묻는 사람이 있다면 대답 대신 앞으로 작은 책방을 시작으로 어떤 일이 일어나는지 잘 살펴라 말해 주고 싶다. 유행과 현상은 그렇게 다르다. 유행은 불길처럼 갑자기 번졌다가 갑자기 꺼진다. 현상은, 불길처럼 타오르지만 갑자기 꺼져 사라지는 것이 아니라 그 끝에서 또 다른 결과를 만들어 낸다. 그러니까 작은 책방을 꾸려 나가려면 조금 더 멀리 봐야 한다. 당장 어느 정도 수익을 낼 것인가 하는 문제도 무시할 수 없지만 거기에만 골몰하면 말 그대로 그때그때의 유행에 편승하기 쉽다.

적지 않은 사람들이 여러 모임에서, 혹은 내가 일하는 책방으로 직접 찾아와서, 어떻게 하면 책방을 잘 꾸릴 수 있는지 묻는다. 그런데 이걸 어쩐다. 그 방법은 나도 모른다. 모른다는 것은 방법이 없다는 것과는 다른 얘기다. 만약 어떤 사람이 천문학자에게 찾아가 "우주의 끝으로 가는 방법이 무엇인가요?"라고 물었다고 치자. 천문학자는 당혹스러울 것이다. 우주의 끝이라니, 어느 방향인지조차 모호하다. 사실 이 질문자가 안타까운 것은 방법을 모르는 것이 아니라 자신이 가고자 하는 목적지가 진짜 어딘지 자신도 모른다는 것에 있다.

인간은 태어난 순간부터 시간의 흐름에 따라 살다가 죽는다. 그 흐름 속에서 목표를 정해 움직이는 것에 익숙한 우리는 세상이 좀 더 나은 것이라고 규정해 둔 그 무언가를 목표로 정하고 거기에 도달하려 아등바등 애쓴다. 그 무언가라는 것이 무언지도 모르면서.

게다가 사람마다 가고 싶은 곳이 저마다 다를 텐데 누군가 목표에 도달했다고 하면 무턱대고 그의 방법을 쫓아 자신도 빨리 도달하고자 조급해한다. 그러다 보면 엉뚱한 곳에 가 있을지도 모르는데 말이다. 그러니까 내가 책방 잘 꾸리는 법을 알려 달라는 K 씨의 질문에 답하기 위해서는 내가 운영하는 책방과 그가 꿈꾸는 책방이 동일하다는 것이 전제되어야 한다. 하지만 그럴 리는 없다.

바로 그런 이유로 이제껏 이런저런 이야기를 성심껏 해 주었지만 실상 나는 K 씨에게 책방 꾸리는 방법을 말해 줄 수 없다. 아니, 사실상 그 방법을 나도 모른다.

내가 알고 있는 것은 한 가지다. 정해진 목표나 방법이란 애초에 없다는 믿음. 살면서 목표를 정하고 그것에 도달하기 위한 방법을 교육 받는 것에 익숙해져 우리는 항상 정답과 풀이 과정만 배우면 모두 해결된다고 믿는다. 하지만 애초에 그런 것이 없다면?

조금 더 멀리, 조금 더 넓게 생각해 보자. 작은 책방이 숲의 일부분이 아니라 사실은 숲 전체일지도 모른다. 우리는 지금 드넓고 깊은 숲에 들어와 있다. 어디가 남쪽인지, 또 어느 쪽이 북쪽인지 방향도 알 수 없는 거대한 숲이다. 용기 있는 사람들은 숲을 여기저기 탐험해서 몇 가지 아는 길을 찾았다. 그들은 사람들에게 말한다. "저쪽 후미진 오솔길로 들어가 봤더니 맑은 옹달샘이 있었습니다. 거기가 이 숲에서 가장 멋진 곳입니다!" 몇 사람이 그 말을 듣고 후미진 오솔길을 향해 갔다. 나중에 또 다른 사람이 나타나서는, "저쪽 야트막한 언덕 너머로 갔더니 웅장한 폭포가 나타났습니다. 그곳이 이 숲에서 가장 멋진 곳입니다!" 이 얘기를 듣고 몇 사람이 또 그가 가리키는 곳으로 떠났다.

이런 일이 반복됐다. 어떤 사람은 예쁜 꽃이 많이 피어 있다며 한쪽을 가리켰고, 어떤 사람은 가장 멋진 기암괴석이 있다며 다른 쪽을 가리켰다. 저마다 그곳으로 가는 방법을 알려준다며 목소리를 높였다. 하지만 그곳이 모두에게 가장 멋진 곳이었을까? 옹달샘, 폭포, 아름다운 꽃밭, 기암괴석이 있는 곳은 이 드넓은 숲 전체에서 아주 작은 부분에 지나지 않는다. 그렇다면 우리의 진정한 목표는 원래 무수히 많은 거라고 보면 될까? 아니, 목표란 애초에 없다. 이 숲에서 가장 아름다운 곳은 숲의 어느 한 부분이 아니라 바로 숲 전체이기 때문이다.

나는 "진리는 길이 없는 대지와 같다"라고 한 크리슈나무르티의 말을 좋아한다. 바로 이 숲의 예시처럼 작은 책방을 꾸리는데 정해진 길이란 없다. 숲의 아름드리나무가 멋져 보인다고 해서 모두가 그런 나무만 꿈꾸어서는 곤란하다. 똑같은 나무만 빼곡하게 들어선 숲은 상상할 수도 없다. 숲이 아름다운 이유는 다양한 나무와 풍성한 꽃, 이름도 알 수 없는 크고 작은 벌레, 멀리서 들려오는 시냇물 소리, 바람 소리 그리고 나뭇잎 사이로 비집고 들어오는 햇살 조각까지 모든 것이 서로 살아 어울려 있기 때문이다. 등산로 입구에 핀 잡초와 산 정상의 거친 소나무 중에서 무엇이 더 훌륭하다고 말할 수 있을까? 잡초도 소나무도 모두 숲이라는 거대한 아름다움에 속한 고귀한 생명이다.

작은 책방을 시작하려 한다면, 혹은 이미 일하고 있다면, 아니면 좋아해서 자주 드나들고 있다면, 이미 그것으로 우리는 모두 각자의 아름다운 목표에 닿아 있는 셈이다. 거기에 이르는 길이 따로 있는 것이 아니라 지금서 있는 그 길이 당신의 방법이다. 그 자리에서 어느 곳으로 가든 상관없다. 길이라는 것이 따로 있다면 그것은 우리 앞에 나 있는 것이 아니라 우리가 걸어온 뒤로 생겨나는 것이다.

길이 우리 뒤에 있다는 말은 여러 문학작품에서 만날 수 있다. 잘 알려진 것은 중국의 학자 루쉰이 쓴 단편 「고향」의 마지막 문장이다. 여기서 루쉰은 "원래 땅 위에는 길이란 게 없었다. 걸어가는 사람이 많아지면 그게 곧 길이 되는 것이다"라고 썼다. 신영복 선생도 "여럿이 함께" 가면 그 뒤에 길이 생긴다고 쓰신 바 있다. 그런데 내가 이 말을 처음 알게 된 것은 루쉰이나 신영복 선생의 글이 아니라 황지우 시인의 시집 『나는 너다』를 통해서였다.

오래전 내가 작은 책방을 할 거라곤 생각조차 못하던 시절이었다. 풀빛출판사의 '풀빛판화시선'을 좋아해서 틈날 때마다 헌책방을 돌며 이미 절판된 지 오래인 그 시집들을 작가별로 수집했다. 그러다 어느 곳에서 우연히 발견한 『나는 너다』 시집을 읽고 한동안 머리가 멍해질 정도로 충격을 받았다. 같은 제목으로 쓴 연작시는 어디가 시작인지, 어디가 끝인지 알 수 없는 이상한 시구로 가득했다. 시마다 그저 번호를 붙여서 제목을 대신했을 뿐이었다.

그중에서 마음에 든 시가 있었는데 시 번호는 503번

이고 묵묵히 사막을 건너는 낙타에 관한 내용이었다. 사막에 한 번도 가 본 일이 없었지만 그 시를 읽으면서 사막과 오아시스를 상상했다. 그런데 잘 이해되지 않는 부분이 "길은, 가면 뒤에 있다"라는 표현이었다. 길은 길인데 가면 뒤에 있다니? 나는 어처구니없게도 그때 그 구절을 길이 얼굴에 쓰는 '가면' 뒤에 있다는 말로 이해했다. 사람은 여러 가지 가면을 쓰고 산다는 말이 있지 않나? 그 말이 떠올라서 가면을 쓴 내 모습을 연상했던 것 같다.

하지만 나중에 그 시를 다시 읽었을 때는 누가 가르쳐 준 것도 아닌데 뜻을 단박에 알아차릴 수 있었다. 나만의 작은 책방을 만들기 위해서 별의별 고민을 하고 있던 그때, 참고가 될 만한 책방이란 책방은 죄다 돌아다녔지만 마음이 찜찜했다. 그러다가 한 생각에 이르자 단단히 얼어 있던 고민덩어리가 스르륵 녹아 내렸다. 내가 일할 책방을 만들 것인데 도대체 누구의 책방을 참고한단 말인가? 나는 지금 아무도 지나가지 않은 대지에서 있다. 여기엔 길이 없는 게 당연하다. 그러니까 지금부터 내가 걸어가는 땅이 길이 된다. 아무리 걸어도 내 앞으로는 길이 없을 것이다. 하지만 걸음을 멈추고 뒤돌아봤을 때, 그제야 생겨나 있을 것이다. 나는 작은 목소리로 되뇌었다. "길은, 가면 뒤에 있다……."

조금 더 생각을 잇자면, 길은 가면 뒤에 생기는 것이

니 가지 않으면 길도 없다. 그래서 지금도 여전히 누군 가가 내게 작은 책방 꾸리는 법을 알려 달라고 물으면 대답 대신 지금 어떻게 준비하고 있는지 되레 질문한다. 그런 다음 길든 짧든 그의 얘기를 듣는다. 그동안 얘기 를 나눠 오며 내가 느낀 것은 놀랍게도 질문하는 분들 대개가 그 답을 거의 알고 있다는 사실이다.

좋은 책방, 멋진 책방, 잘나가는 책방, 돈 잘 버는 책 방……. 사실 이런 것은 아무런 의미가 없다. 작은 책방 이 빛을 발하는 순간은 불현듯 따스해진 어느 봄날 나무 껍질을 비집고 새순이 돋는 그 찰나처럼 아무도 알아차 리지 못하는 때다. 그날은 아무도 모른 채 지나고, 나뭇 가지에 온통 초록잎이 무성해지고서야 사람들은 봄이 왔다고 말할지도 모른다. 하지만 작은 책방들은 그보다 훨씬 전부터 저마다 길을 만들며 봄을 준비해 왔다. 그 길은 누가 가르쳐준 것도, 어디서 배운 것도 아니다.

의미 역시 각자가 만들어 나갈 수밖에 없다. 얼마간 시간이 지난 다음 뒤돌아보면 우리가 저마다 꽃피운 다 양한 의미와 개성으로 흐드러진 멋진 숲이 보일 것이다. 누가 더 멋지거나 누가 더 잘나간다는 것이 더 이상 의 미가 없는, 저마다의 색과 향기로 가득한 아름다운 숲 을 만드는 것이 작은 책방의 꿈이다. 그러므로 다시 한 번 말하자면 우리에게 정해진 길이란 없다. 길은, 가면 뒤에 있다.

작은 책방 꾸리는 법
: 책과 책, 책과 사람, 사람과 사람을 잇는 공간

2019년 6월 24일   초판 1쇄 발행
2020년 12월 14일   초판 2쇄 발행

지은이
윤성근

펴낸이	**펴낸곳**	**등록**
조성웅	도서출판 유유	제406-2010-000032호(2010년 4월 2일)

주소
경기도 파주시 책향기로 337, 301-704 (우편번호 10884)

전화	**팩스**	**홈페이지**	**전자우편**
031-957-6869	0303-3444-4645	uupress.co.kr	uupress@gmail.com

	페이스북	**트위터**	**인스타그램**
	www.facebook.com/uupress	www.twitter.com/uu_press	www.instagram.com/uupress

편집	**디자인**	**마케팅**	
사공영, 김은경	이기준	송세영	

제작	**인쇄**	**제책**	**물류**
제이오	(주)민언프린텍	(주)정문바인텍	책과일터

ISBN 979-11-89683-13-9 04080
      979-11-85152-36-3 (세트)

이 도서의 국립중앙도서관 출판예정도서목록(CIP)은 서지정보유통지원시스템
홈페이지(seoji.nl.go.kr)와 국가자료공동목록시스템(www.nl.go.kr/kolisnet)에서
이용하실 수 있습니다.(CIP제어번호: CIP2019021921)